T0122659

SUR LA NATURE

SUR LA NATURE

BIBLIOTHÈQUE DES TEXTES PHILOSOPHIQUES

Fondateur : Henri GOUHIER   Directeur : Jean-François COURTINE

ARISTOTE

—

SUR LA NATURE

(PHYSIQUE II)

Introduction, traduction et commentaire par

L. COULOUBARITSIS

PARIS
LIBRAIRIE PHILOSOPHIQUE J. VRIN
6, Place de la Sorbonne
1991

La loi du 11 mars 1957 n'autorisant, aux termes des alinéas 2 et 3 de l'article 41, d'une part, que les «copies ou reproductions strictement réservées à l'usage privé du copiste et non destinées à une utilisation collective» et, d'autre part, que les analyses et les courtes citations dans un but d'exemple et d'illustration, «toute représentation ou reproduction intégrale, ou partielle, faite sans le consentement de l'auteur ou de ses ayants droit ou ayants cause, est illicite» (Alinéa 1er de l'article 40).

Cette représentation ou reproduction, par quelque procédé que ce soit constituerait donc une contrefaçon sanctionnée par les Articles 425 et suivants du Code pénal.

© *Librairie Philosophique J. VRIN*, 1991
Printed in France
ISBN 2-7116-1086-1

INTRODUCTION

1. Aristote et la question de la nature

C'est dans le livre II de la *Physique*, qui est l'objet de ce travail, que se détermine ce qu'est la «nature». Aristote y articule cette notion à la fois dans son émergence et dans le sillage de ce qu'il a établi dans le livre I, c'est-à-dire dans l'éclairage de la thèse selon laquelle les principes du devenir sont, selon les cas, deux ou trois: la spécificité (εἶδος), la matière (ὕλη) et la privation (στέρησις). Le rapport entre «devenir» et «nature» n'en demeure pas moins ambigu, même s'il est vrai que le «devenir» a plus d'extension, puisqu'il inclut, en plus des étants naturels, toute forme de devenir, y compris la production, l'action et le mouvement spontané. Cette ambiguïté est due au fait que le terme «nature» déborde la domaine des choses inanimées et concerne aussi ce qui est animé. C'est pourquoi, dans la «physique» aristotélicienne, on doit inclure l'étude du vivant (la biologie) et même de l'âme (psychologie). Cela suffit à faire voir l'importance de la notion de «nature» et le caractère historial de la position d'Aristote, même si celle-ci suppose le traitement de cette question par ses prédécesseurs.

Le terme grec *physis* est plus riche et plus essentiel que le terme français « nature », dont l'origine latine (*natura*) l'associe à « naître » (*nascor*), liant aussitôt la nature à la genèse des choses. Φύσις provient de φύω qui signifie « j'épanouis ». Une plante (*phyton*) « pousse » ou « s'épanouit ». Les philosophes ioniens, qualifiés par Aristote de « physiologues », auraient compris l'expression dans le sens de s'épanouir à partir d'un fondement (un) – celui-ci étant l'eau pour Thalès, l'apeiron (illimité-indéfini) pour Anaximandre, l'air pour Anaximène et le feu pour Héraclite. Par son dynamisme, et en tant qu'il épanouit un (ou des) univers (*kosmos*), ce fondement se dérobe. Comme le rappelle Héraclite, « la *physis* aime à se cacher » (fr. 123), c'est-à-dire aspire au retrait face à ce qu'elle épanouit, aux « choses présentes » (*eonta*) qui s'épanouissent ; elle se dérobe et demeure invisible à l'homme, se manifestant seulement par des signes (en l'occurrence, le feu visible). En ce sens, la manifestation pure de la *physis* s'accomplirait au terme de l'épanouissement cosmique, lorsque toutes les choses se diluent dans le fondement par une sorte de conflagration universelle où seul le feu domine. Cela montre que s'il y a pensée de la *physis*, c'est parce qu'il y a l'homme. Les Grecs ont toujours envisagé leur conception du monde relativement à l'homme qui sent et pense. D'où l'usage qu'ils font, pour les choses multiples qui s'épanouissent, du terme *eonta*, « choses présentes ». L'homme est l'instance qui les envisage dans cette présence et dans le présent.

Cette première manifestation philosophique de la « nature » n'a pas eu la destinée qu'on lui attribue habituellement. Dès la génération suivante, la physique de l'épanouissement laisse la place à une physique du mélange : Parménide fait état de deux entités fondatrices (terre et feu) et d'un Daîmôn comme principe unificateur ; Empédocle parle de quatre entités (terre, eau, air, feu) articulées par l'Amour et la Discorde ; Leucippe, avant son disciple Démocrite, fait intervenir une infinité d'atomes (c'est-à-dire d'entités minuscules insécables), associés par le hasard et la nécessité, alors qu'Anaxagore envisage une infinité de particules hétèrogènes, organisées par l'action d'un Intellect homogène. Cette réflexion sur une pluralité non plus seulement dans le réel phénoménal mais aussi dans l'ordre du fondement, disqualifie la *physis* comme épanouissement au profit d'une *physis* résiduelle, de la «nature» de ce qui est réalisé, toute chose produite devenant «par nature» (*physei*). A ce titre le devenir n'est plus envisagé comme épanouissement à partir d'une entité mais comme mélange et séparation à partir d'au moins deux entités. Empédocle considère ainsi que le terme *physis* est une invention humaine, aucune chose en devenir n'autorisant un tel épanouissement, mais chacune devenant selon le mélange (*mixis*) et la séparation (*diallaxis*) des choses mélangées (fr. 8).

Chez Platon, où les Idées et les entités mathématiques usurpent en leur faveur ce qui est «naturel», écartant du devenir toute stabilité et toute scientificité, c'est l'Ame du monde qui s'assigne le rôle de la *physis* des Anciens. L'originalité d'Aristote réside dans le fait d'avoir réhabilité la possibilité d'un épanouissement, au fil d'une analyse où il

tient compte d'un ensemble de sens du terme
(cf. *Métaph.* Δ, 4). Pour lui, la nature se comporte à
l'égard d'elle-même de telle sorte que « ce qui s'épanouit à partir de quelque chose va vers quelque chose
en tant qu'il s'épanouit » (τὸ φυόμενον ἐκ τινὸς εἰς τὶ
ἔρχεται ᾗ φύεται) (*Phys.* II, 1, 193 b 16-17). Cette ré-
habilitation des Anciens s'accompagne néanmoins
de l'intégration à la fois des données de la physique
du mélange et des conditions platoniciennes d'une
science. Cependant, contrairement à Platon qui
refuse toute science du devenir (*Phil.* 59 a-c), Aristote
envisage la physique comme l'une des trois sciences théoriques, les deux autres étant la mathématique et la théologie. Cette nouvelle science s'occupe
de l'étant (*to on*) dans son rapport au mouvement, et
donc aussi de l'étance (*ousia*) en tant qu'elle s'épanouit fréquemment conformément à sa raison
d'être (cf. *Métaph.* E, 1, 1025 b 26-28). C'est l'explicitation de cette perspective que l'on trouve dans *Physique* II qui est l'objet de ce travail.

Dès lors on comprend que lorsqu'il traite du
devenir, en *Physique* I, Aristote le fait à partir des
choses mêmes, envisagées non plus seulement
comme « choses présentes » (*eonta*), mais comme
étants (*onta*), comme choses qui *sont* selon les
modalités essentielles de l'être, qualifiées de catégories, et en particulier selon la première d'entre
elles, l'étance. Celle-ci, qui subsiste chez Platon en
réalité intelligible, comme « essence » transcendante inaccessible aux sens, se détache ici des autres
modes d'être, c'est-à-dire des autres catégories (qualité, quantité, relation, lieu, action, passion, possession, etc.), et s'impose comme réalité par excellence

en tant qu'elle est réalité «distincte» et «sujet» (ultime) d'attribution. L'étance constitue la chose même dans sa réalité, elle est, nous le verrons, l'unité de forme et de matière. Cette théorie est généralement désignée par l'expression «hylémorphisme». Cependant la multiplicité des catégories fait en sorte qu'il n'y a pas seulement devenir selon l'étance (par exemple, le devenir de l'homme), mais aussi devenir selon les autres catégories (selon la qualité, il y a altération, selon la quantité croissance et décroissance, selon le lieu translation). Encore qu'il faille reconnaître que, pour le monde sublunaire, c'est le devenir selon l'étance qui est le plus essentiel et constitue ce qu'Aristote appelle la génération (ou engendrement) et le dépérissement.

Cette perspective rend aussitôt possible une analyse des choses qui deviennent, comme ce qui devient, comme le devenant (*to gignomenon*). La différence entre l'étant et le devenant réside dans le fait que l'étant est un et identique à lui-même, alors que le devenant est numériquement un mais eidétiquement double, dans la mesure où tout devenir est à la fois l'étant de départ (par exemple pour le lit, le bois) et la privation de l'étant qui doit advenir au terme du devenir (le lit) ; de sorte que, dans le devenir même, l'étant de départ *soumet* sa propre spécificité (l'*eidos*), qui en elle-même demeure irréductible, à la spécificité de l'étant nouveau, se convertissant en substrat ou sujet du devenir (*hypokeimenon*), lequel cèle en lui également la spécificité (*eidos*) de ce qui adviendra, mais au sens d'un *eidos* absent, c'est-à-dire comme privation. Dans le cas du devenir selon l'étance, l'étance de départ, en tant qu'elle devient matière du devenir, n'est plus une étance proprement dite mais se convertit à quelque chose qui, en tant que substrat, est *d'une certaine façon* étance (*ousia pôs*) (I, 9, 192 a 5-6), cédant la préséance à une nouvelle étance, celle qui adviendra comme «forme». Cette soumission de l'étance de départ à une autre étance atteste l'importance de la privation comme manifestation d'une négativité dans le devenir, c'est-à-dire comme absence d'une présence. C'est pourquoi, nous le verrons, au terme du livre II, 1, Aristote qualifie la «privation» (*sterèsis*) d'une certaine spécificité (*eidos pôs*).

Cette conversion du platonisme en une philosophie du devenir, où l'*eidos* ne se donne pas seulement comme essence de la chose mais également comme absence possible, comme privation, – grâce à laquelle il y a possibilité aussi chez Aristote d'une problématique de l'être en acte et de l'être en puissance –, s'accompagne d'une complexification de l'organisation des quatre entités établies par Empédocle (terre, eau, air, feu), auxquelles Aristote rattache quatre propriétés fondamentales (sec, humide, froid, chaud). Cette complexification forme les différentes «parties» de l'étant naturel. La première complexification se traduit par les «homéomères», composés de ces entités élémentaires, mais formant de nouvelles entités homogènes, c'est-à-dire dont les parties sont en tout point de la même nature, sinon de la même qualité. Telles sont certaines parties de l'être vivant (os, chair, sang, graisse, mœlle, etc.) et du métal. Se distinguant par leurs qualités, les homéomères diffèrent également: 1° par leur manifestation aux différents sens et sensations, c'est-à-dire, «par leur capacité de produire quelque chose, car une chose est blanche, odorante, sonore, douce, froide, par sa capacité d'exercer quelque action sur le sens»; 2° par leur aptitude ou inaptitude à pâtir, c'est-à-dire «l'aptitude, par exemple, à fondre, à se solidifier, à être flexible, etc., car toutes ces qualités sont passives, comme le sont l'humide et le sec» (*Météor.* IV, 8, 384 b 30 ss.). Cette caractéristique des homéomères à affecter les sens, et plus particulièrement le sens du toucher, met en jeu, par la médiation de la problématique aristotélicienne du sensible, le rapport de l'homme à l'étant. Aussi est-il dit, dans le traité *De l'âme* III, 8, 431 b 21-23, contre Platon qui considérait l'étant intelligible comme transcendant et toujours identique à lui-même, que «l'âme est d'une certaine façon tous les étants, car les étants sont soit sensibles, soit intelligibles, la science s'identifie d'une certaine façon avec les choses qui sont objets de science, la sensation avec les sensibles». Cette extension de l'étant relativement à l'ensemble des facultés humaines, jusque dans la capacité d'une connaissance scientifique, n'est pas étrangère à la possibilité de l'instauration d'une *science* physique. Que cette démarche trouve son lieu d'émergence dans la problématique des homéomères, qui portent, par leur unité même, un premier niveau d'organisation, intègre dans l'aristotélisme la physique du mélange issue de Parménide, revue et corrigée par l'idéalisme platonicien. Par là même s'accomplit la synthèse philosophique la plus remarquable de l'Antiquité (avant celle aussi importante de Plotin).

Dès lors, se pose la question de savoir dans quel sens
se précise la notion nouvelle de « nature ».

Tout comme les quatre entités ultimes du réel
qui, bien qu'elles aient leur propre spécificité (*eidos*),
n'ont pas d'autonomie propre, mais *se soumettent* à
ces homéomères comme leurs « éléments » (*stoi-
cheia*), de même les homéomères, quoiqu'ils aient
aussi leur propre spécificité (*eidos*), se soumettent à
leur tour aux anhoméomères comme leurs « parties» (*merè* ou *moria*). Composés de plusieurs parties
homéomères, les anhoméomères constituent, selon
leur propre spécificité (*eidos*), des complexes de
« plusieurs propriétés qui s'ajoutent les unes aux
autres », produisant ainsi des parties organisées
(main, visage, œil, narines, etc.), dont l'hétérogé-
néité manifeste une fonctionnalité par une ou plusieurs activités (Cf. *Météor.* IV, 8, 385 a 1 ss.; 10, 388 a
10 ss.; *Des part. des anim.* II, 646 a 20 ss., etc.). Ainsi,
les anhoméomères ont la faculté de transformer la
capacité *passive* de produire quelque chose en une
capacité *active*. «Parmi les parties, dit Aristote, on
distingue celles qui ont une fonction active et celles
qui ont une fonction passive : les parties anhoméomères sont caractérisées par leur aptitude à accomplir quelque chose, par exemple la langue et la
main ; les homéomères le sont par la dureté, la
mollesse et les autres qualités du même ordre » (*De
la gén. des anim.* II, 18, 722 b 30 ss.). La différence
donc entre homéomère et anhoméomère réside
dans une modalité différente pour chacun d'exercer
une aptitude ; l'homéomère produit quelque chose
par sa qualité, par le fait d'affecter, ce qui explique au
demeurant son rapport profond aux sens et à la con-

naissance sensible; l'anhoméomère, au contraire, en tant qu'il forme les parties parmi lesquelles figurent les organes, produit quelque chose activement, par sa nature même, en accomplissant en quelque sorte les qualités que renferment ses parties homéomères. On pourrait dire encore que les homéomères manifestent le monde sensible comme tel, dans ce qu'il fait apparaître aux sens, alors que les anhoméomères le manifestent dans son activité même. Pour Aristote, ces deux manifestations ne sont pas indépendantes l'une de l'autre, puisque c'est par l'activité des parties anhoméomères (par exemple l'œil) que se révèlent les qualités des parties homéomères (par exemple les couleurs), et ceci grâce à la co-présence des qualités et de l'aptitude active de l'organe anhoméomère. Bien plus, ces deux manifestations intégrées sont comme les parties d'un tout, auquel elles se soumettent à leur tour, et qui est précisément l'étant naturel comme tel, avec sa propre spécificité (*eidos*). L'étant apparaît ainsi comme une réalité complexe dont l'unité suppose un ensemble de parties, elles-mêmes formées selon leur unité propre, comme si l'être de l'étant naturel n'avait aucune subsistance possible sans ce qui lui assure son *unité*. Tout se passe comme si, chez Aristote, la problématique de l'Etre n'était pas possible sans son lien indissociable à la problématique de l'Un. C'est là une question qui demeure aujourd'hui encore ouverte, pour ne pas dire impensée, mais qu'il faudrait un jour aborder de front, car elle pourrait éclairer d'une façon plus profonde à la fois la méthodologie et la métaphysique d'Aristote.

2. Position du livre II dans la Physique

Le titre *Sur la Nature*, que j'ai choisi pour
désigner le livre II de la *Physique*, a déjà été proposé
dans l'Antiquité. Si je l'ai retenu ici, c'est pour faire
voir la possibilité d'extraire ce texte, consacré à
l'étude de la nature, de l'ensemble de la *Physique*,
sans heurter vraiment la continuité de l'argumentation du philosophe.

Certes, le fait que Diogène Laërce parle d'un
Περὶ φύσεως α′, qui se distingue des livres β′ (III) et γ′
(IV), soulève aussitôt la question du rapport entre ce
livre II et le livre I, désigné également par Περὶ φύσεως α′, dans le Catalogue Anonyme, édité par Egide
Ménage et attribué à Hésychius, alors qu'on retient,
en général, pour le livre I, le titre Περὶ ἀρχῶν, parce
qu'il établit les principes du devenir. Bien que ces
confusions soulèvent la question plus originaire de
la continuité de l'ensemble de la *Physique*, elles ne
doivent pas être surestimées. Je crois avoir montré
ailleurs [1] l'unité de la *Physique*, en observant que la
façon dont Aristote articule, selon un ordre de
succession, des questions spécifiques, manifeste une
continuité au fil de l'argumentation, et nullement,
comme on ne cesse de l'affirmer, quand on les rapporte arbitrairement à la seule question du changement (μεταβολή), qu'on trouve seulement au livre V,
et qui ne parvient pas à résorber des problématiques
aussi différentes que celles du devenir (livre I), de la
nature (livre II), du mouvement et de ce qui s'y

1. Dans mon livre *L'avènement de la science physique. Essai
sur la* Physique *d'Aristote*, Ousia, Bruxelles, 1980.

rapporte (livres III et IV), et du mouvement de translation, qui conduit au premier mouvant immobile
(livres VI et VIII, si l'on retire le livre VII qui serait
une version d'une époque différente, rompant avec
la continuité de l'exposé)[2].

Bien entendu, cette unité argumentative présup-
pose une méthode, sans laquelle la tentative aristotélicienne d'instaurer la première *science* de la nature
aurait peu de sens. Mais comme cette méthode ne
peut être démonstrative – au risque de supposer, en
vertu même des principes stricts de l'aristotélisme,
des prémisses vraies déjà établies –, elle doit appartenir à un ordre préalable, qui est celui de l'institution des principes, fondée sur l'idée qu'il convient
de partir de ce qui est plus familier et plus connu
pour nous pour arriver à ce qui est plus éloigné et
plus connu en soi. Or, contrairement à ce qui se
passe parfois dans l'œuvre d'Aristote, où pareille
démarche est identifiée à l'*épagôgè* ou *induction* (c'est-
à-dire à la formation d'un énoncé universel en

2. Avant d'aborder l'analyse du livre II, la traduction et
le commentaire, je crois utile d'indiquer que la limitation
matérielle de ce type de publication m'a contraint d'éviter
une exégèse approfondie. J'y ai laissé la priorité à mon
interprétation personnelle d'Aristote, que j'ai défendue
dans plusieurs études, et plus particulièrement dans le livre
que j'ai consacré au traité de *Physique* (voir note précédente)
et dans mon étude « L'Etre et l'Un chez Aristote », *Revue de
philosophie ancienne*, 1, 1983, pp. 49-98 et 143-191, qui constituent un complément utile à ce travail. On trouvera dans
mon livre également une bibliographie circonstanciée. La
bibliographie qui achève le présent travail ne reprend que
des titres essentiels, complétés par quelques publications
parues depuis.

partant de cas particuliers), la *Physique* l'envisage à
rebours, dès le départ, en la liant à une méthode de
division (c'est-à-dire à la distinction de choses particulières et spécifiques en partant de cas généraux et
moins précis), qui est néanmoins différente de celle
de Platon, car elle ne se réduit pas toujours à la
dichotomie et s'intègre dans une méthode plus
étendue : la méthode aporétique. C'est là un point
important, me semble-t-il, oblitéré par la plupart des
interprètes d'Aristote.

Sans entrer dans les détails, on peut dire que
cette distinction l'autorise à établir, au livre I, les
principes du devenir auxquels j'ai déjà fait allusion :
spécificité (εἶδος), *matière* (ὕλη) et *privation* (στέρησις).
L'établissement de ces principes s'amorce par la
question (= aporie) concernant le nombre possible
des principes du devenir, qui oscille, selon les données déjà amorcées dans le *Philèbe* de Platon, entre
l'un et le multiple. Chez Aristote cette approche dialectique envisage le principe un comme étant
mobile ou immobile, et le nombre multiple des
principes, comme fini ou infini ; si bien que la
délimitation, parmi ces possibilités, du nombre exact
des principes s'accomplit par la réfutation dialectique des opinions (*endoxa*) de ceux qui les ont
adoptées (les philosophes ioniens pour l'un mobile,
Parménide et Mélissos pour l'un immobile, Anaxagore et Démocrite pour l'infini et Empédocle pour
le fini). Cet itinéraire (= diaporie) conduit au seuil
d'un choix, entre deux ou trois principes pour
déterminer l'étant, qui est qualifié, en I, 6, d'aporie
majeure (189 b 27-29). Pour l'établir philosophique-
ment (= euporie), Aristote entame l'étude du

devenir, en partant de nouveau d'un point de vue général, de tout devenir possible, commun à toutes choses qui deviennent. Cette étude, qui adapte à la réalité en devenir la démarche ontologique – qui ne prend en considération que l'étant comme tel –, je l'ai qualifiée de 'genèséologie', dans mon livre *L'avènement de la science physique...* (chap. III). Elle fonde les trois principes en question (spécificité, matière et privation) et conduit l'étude du devenir à la scientificité (à une science des choses sensibles et en devenir, qui demeure impossible chez Platon), sans référence à une réalité intelligible transcendante.

Toutefois, pour qu'une science *physique* soit possible, qui ne soit pas seulement une science du *devenir*, Aristote devait aller plus loin et établir la spécificité des choses naturelles en devenir. Dès lors, une nouvelle étude devenait nécessaire, qui divise à nouveau le devenir commun à toutes choses devenant selon ses différentes modalités (devenir selon la nature, l'art et le mouvement spontané). C'est la tâche que s'est assignée le livre II, que j'ai traduit et commenté dans ce travail. Tout en expliquant pourquoi ce traité s'engage d'emblée par la particule de liaison « en effet » (γάρ), comme s'il était une suite naturelle du livre I, en dépit d'une modification de perspective et d'objet, ce glissement dans l'analyse justifie le titre *Sur la Nature*, retenu par les exégètes anciens. Encore que j'aurais préféré le titre plus circonstancié de traité *Sur la science de la Nature*, puisque, nous le verrons, l'étude des « principes » du devenir y est convertie en une étude relative aux « causes » des étants naturels. Cette étude, au cours de laquelle le devenir en général se spécifie à partir de divers modes de devenir (nature, art et mouvement spontané) et de la causalité, atteste la scientificité même de l'étant naturel.

Or, par la définition conférée, dès le départ de l'étude de la nature, aux étants naturels déjà constitués («chacun d'entre eux possède lui-même un principe de mouvement et de stabilité, les uns selon le lieu, d'autres selon la croissance et la décroissance, d'autres encore selon l'altération») (II, 1, 192 b 13-16), l'accent est mis sur l'importance du «mouvement» dans l'élucidation définitive du statut de la nature. C'est dire que le livre II ne saurait achever, à lui seul, l'étude de la nature. Une suite était requise, qui devait traiter plus directement la question du mouvement. Aristote l'affirme expressément au début du livre III, 1, 200 b 12-16 : «puisque, d'une part, la nature est un principe de mouvement et de changement, et que, d'autre part, notre recherche porte sur la nature, il ne faut pas dissimuler ce qu'est le mouvement, car nécessairement si on l'ignore, on ignore aussi la nature». A quoi il ajoute immédiatement: «une fois qu'on aura circonscrit tout ce qui concerne le mouvement, il faudra s'appliquer de la même façon à étudier les questions qui lui sont consécutives», à savoir le continu, l'infini, le lieu et le temps.

Cette double tâche, qui est l'objet des livres III et IV, n'achève pas néanmoins l'étude de la nature, car la vision aristotélicienne de l'univers distingue mondes *sublunaire* (domaine de l'univers où les étants naturels sont soumis au changement, et dont les éléments ultimes sont la terre, l'eau, l'air et le feu) et *supralunaire* (domaine des étants célestes, les astres divins, régis par le mouvement parfait de la translation circulaire, dont la nature est tributaire d'un cinquième élément, de nature astrale, qualifié aussi d'éther). Cette différenciation, qui distingue d'une certaine façon «nature» et «ciel» (cf. *Métaph.* Λ, 7, 1072 b 13-14) et qui correspond à la fois à une différence matérielle et à une différence entre les modes de changement du monde sublunaire et les mouvements propres au monde supralunaire, entraîne des lois physiques différentes pour chacun des deux niveaux de l'univers. Cela suffit à montrer le caractère ambigu du terme «nature» chez Aristote, qui dans son sens propre ne concerne que le monde sublunaire et seulement par extension l'ensemble de l'univers, exprimé tantôt par le terme *kosmos* et tantôt par l'expresion *ouranos* – qui peut signifier aussi bien le «ciel» que l'«univers» (cf. *Du ciel* I, 9). C'est pourquoi, par une nouvelle division – qui s'intègre, cette fois-ci, à la problématique générale du changement –, Aristote juge utile de distinguer, d'abord, les mouvements spécifiques et leur différence avec le devenir propre à l'étant physique comme tel, à savoir la génération et le dépérissement (livre V) et, ensuite, mouvement de translation linéaire et mouvement de translation circulaire, qui correspond à l'étant céleste (livre VI).

Dès lors, si dans la suite, le mouvement de translation, particulièrement la translation circulaire, émerge comme mouvement essentiel, c'est parce que le mouvement est d'abord envisagé, au livre III, à partir de la cause efficiente (au détriment de toute possibilité d'un principe d'inertie, indispensable à l'élaboration d'une physique au sens moderne)[3] et, ensuite, à partir du livre VI, selon une conception de l'univers où s'inscrit une distinction radicale entre mondes sublunaire et supralunaire. Ce dualisme cosmologique entraîne des lois physiques différentes pour l'univers selon qu'on s'occupe du devenir sublunaire ou du mouvement supralunaire. Cette opposition s'accompagne d'une distinction entre le domaine du contingent (où ce qui devient advient soit fréquemment, soit encore par un mouvement spontané ou sous l'effet du hasard) et le domaine de la nécessité (où domine la régularité).

Au sommet de cette hiérarchie se tient le « premier mouvant immobile » (τὸ πρῶτον κινοῦν ἀκίνητον), dont le caractère d'acte pur, qui ne saurait être en puissance (donc κινητικόν, c'est-à-dire moteur, comme on ne cesse de le traduire à tort)[4], atteste l'existence d'un principe ultime dont la stabilité garantit la persistance du tout (VIII, 6, 259 b 22-28). Etant donné cette immobilité principielle, qui ne pourrait pas être étudiée en tant que telle par la science physique, dont l'objet est l'étant en devenir et en mouvement, la *Physique* rend possible, voire nécessaire, une nouvelle recherche, celle qu'on trouve dans le traité intitulé *Métaphysique* depuis Andronicos de Rhodes, et qui par sa prétention de constituer la « philosophie première », relègue la

3. Cf. mon étude « La formulation du principe d'inertie par Baliani et la conception aristotélicienne du mouvement », *Proceedings of the World Congress on Aristotle* (Thessaloniki, August, 7-14, 1978), Athènes, 1981, T.2, pp. 379-384.
4. Cf. mon livre déjà cité, pp. 318 ss.

physique au second plan, comme «philosophie seconde».

Une fois circonscrit de la sorte, le cheminement de la *Physique* se donne dans toute sa cohérence, et révèle que le livre II, aussi important soit-il, n'est pas le seul traité fondamental. Il n'en demeure pas moins que son contenu est central, car il articule le passage de l'étude du devenir en général à l'étude de l'étant naturel et de la nature. Quand bien même paraîtrait-il, au point de vue moderne, qu'elle s'occupe de choses étrangères à la physique de notre époque, la *Physique* d'Aristote cèle en elle, en plus de son caractère historial, sans lequel une science physique serait sans doute restée longtemps problématique, les données essentielles d'une réflexion sur les fondements de la métaphysique et, par elle, sur le sens et la portée du rapport entre l'«art» (τέχνη) et l'épanouissement des êtres vivants, qui font chez Aristote partie de sa physique.

3. Articulation du livre II

Une fois circonscrits, au livre I, les trois principes qui rendent compte du devenir (spécificité, privation et matière), grâce auxquels il y a possibilité d'une science du sensible et du devenir, Aristote amorce, dès le chapitre 1 du livre II, leur application dans l'ordre des étants naturels. Pour situer ces étants, il adopte comme méthode d'analyse leur différenciation avec d'autres manifestations du devenir : d'abord, avec les choses produites par l'art et, ensuite, avec les évenements dus au mouvement spontané et au hasard. Cette double différenciation suffit, me semble-t-il, à couvrir la plus grande partie du livre II. Il convient donc de bien la cerner.

1.– La première différenciation, relative à l'art, l'aide à discerner que les étants naturels possèdent en eux-mêmes leur principe de mouvement et de changement. L'élucidation de leur statut s'accomplit grâce aux divers processus de l'art (fabrication d'un lit, construction d'une maison, guérison par l'art médical, etc.), dont la proximité à l'homme (parce qu'il en est l'agent et la cause) assure à l'analyse une certaine clarté. Par là même, l'art, qui au départ est posé comme facteur de différenciation, devient aussitôt condition de clarification, modèle par excellence d'analyse. A telle enseigne qu'Aristote peut écrire que « de même qu'un art se dit de ce qui est conforme à l'art et de ce qui est technique, de même la nature se dit de ce qui est conforme à la nature et de ce qui est naturel » (1, 193 a 31-33).

Dès lors, la question qui se tient dans l'arrière-fond de son approche de la nature est celle de savoir en quoi il y a ou non parallélisme entre ces deux types de devenir. Cette question est d'autant plus importante que tout en supposant une différence générique entre ces deux processus, elle assume néanmoins leur parallélisme étroit, notamment au travers des principes qui les régissent: la *spécificité* (εἶδος), dont la transmission grâce au mouvement, réalise la forme phénoménale (μορφή) de la chose, la *matière* (ὕλη), qui en est le substrat ou sujet (ὑποκείμενον) le plus immédiat et le plus proche (par exemple, le bois pour le lit), et la *privation* (στέρησις), considérée ici comme possédant en quelque sorte une « spécificité », bien qu'elle soit mise entre parenthèses, au terme du chapitre 1, manifestant son caractère énigmatique. Aristote porte ainsi l'attention surtout sur les deux principes, d'une part, la « spécificité » et la « forme » et, d'autre part, la « matière », en observant que, contrairement à une tradition issue de la physique ionienne, ce n'est pas cette dernière qui représente vraiment la nature mais la spécificité et la forme. La différence exacte entre ces deux dernières notions, sous-jacente à son analyse du chapitre 1, ne se dévoile vraiment que par la suite, au fil de son étude, lorsqu'on découvre que la forme est située du côté de la cause finale et la spécificité du côté de la cause formelle. Il apparaît même que ces principes sont eux-mêmes tributaires d'un autre principe, qualifié traditionnellement de cause efficiente, grâce auquel l'origine principielle du mouvement devient centrale, parce que le mouvement transmet l'*eidos* à la matière, réalisant ainsi l'épanouissement de l'étant, tout comme l'activité productrice du constructeur transmet l'*eidos* de la maison à un ensemble de matériaux, dont l'organisation réalise la forme d'une maison, par laquelle s'accomplit sa finalité (c'est-à-dire le fait de constituer pour l'homme un abri).

Mais avant de cerner les quatre causes, où se confirme définitivement la scientificité de la physique, Aristote cherche à éviter un écueil important : diluer l'objet de la physique dans celui des mathématiques, du fait que le mathématicien aussi s'occupe de l'aspect phénoménal des étants (longueurs, surfaces, volumes, etc.). C'est cette

proximité qui avait poussé les platoniciens, ces
adeptes inconditionnels des mathématiques, à étendre cette perspective dans l'ordre des Idées, d'où
Aristote tire, par un profond réaménagement, sa
conception de l'*eidos*. En envisageant les Idées
comme séparées (c'est-à-dire transcendantes), les
platoniciens provoquent une distorsion dans la
mesure où ces entités sont en fait moins séparables
encore que les entités mathématiques. Aristote
aborde ces questions au chapitre 2, et circonscrit en
même temps l'objet propre de la physique. A la
différence première entre étant naturel et étant
artificiel il ajoute maintenant une nouvelle
différence qui démarque l'étant naturel de l'étant
mathématique. Cette nouvelle approche fait signe
davantage encore vers la finalité, comme horizon
du devenir.

Une fois encore c'est l'analogie avec l'art qui
contribue à l'éclaircissement de cette question : tout
comme le médecin doit connaître, d'une part, la
santé et, d'autre part, la bile et le phlegme dans
lesquels celle-ci réside, et le constructeur, d'une part,
la forme de la maison qui doit accomplir sa finalité,
et, d'autre part, les matériaux qui la constituent, de
même il appartient au physicien d'étudier la finalité
et tout ce qui s'y rapporte, donc y compris la
spécificité et la matière des étants naturels. La
science physique s'impose ainsi comme plus fon-
damentale que les sciences mathématiques parce
qu'elle pénètre plus profondément le réel en
devenir. Mais en même temps, elle se différencie
radicalement de sciences poïétiques, qui situent la
finalité relativement à l'homme, en tant que celui-ci

est à la fois cause de ses produits, et, comme agent de production, maître de la matière qu'il utilise relativement à la fin qu'il s'est prescrit. Dans la perspective de l'art, cette fin se définit en fonction de l'usage qu'elle cherche à rendre possible, alors que dans l'ordre de la nature la matière et la fin de l'épanouissement de l'étant naturel lui appartiennent en propre, la fin se dévoilant non pas par l'usage relativement à l'homme, comme si la nature engendrait les étants naturels au profit de celui-ci, mais en fonction de l'activité même de l'étant naturel. Cette précision que nous rencontrerons de plus près dans le commentaire de ce texte est essentielle pour évaluer le statut du finalisme aristotélicien.

Toujours est-il que cette différence entraîne une autre difficulté : comme les causes de l'étant naturel dont le physicien n'est pas le créateur doivent être dévoilées, il est toujours possible de se demander jusqu'à quel point il doit les connaître. D'où la possibilité d'un débordement de la physique par une autre science, qualifiée ici, au terme du chapitre 2, de philosophie première, qui aurait pour tâche d'étudier la spécificité des étants, non plus comme liée à telle matière, mais *en tant que* spécificité. Par là la physique s'affirme comme une philosophie seconde, qui doit laisser la préséance à la philosophie première, c'est-à-dire à la « métaphysique ». Bref, si, pour Aristote, une forme de platonisme pouvait avoir encore une certaine légitimité, on ne devrait pas la trouver du côté des mathématiques, comme l'ont cru certains successeurs de Platon, ni du côté de la physique, que Platon a toujours refusé, mais plutôt du côté de la métaphysique. Les néoplatoniciens l'ont bien compris et n'ont cessé de porter l'accent, depuis Plotin, sur l'Intelligence et l'Un, qui déjà chez Aristote échappent au domaine de la physique. Ainsi délimité, le rôle du physicien se précise : en s'occupant du devenir, du changement et du mouvement, il doit en circonscrire les conditions objectives, à savoir les quatre causes de l'étant naturel.

Le chapitre 3 situe d'entrée de jeu l'étude des quatre causes dans la perspective de la connaissance : «dans la mesure, dit Aristote, où ce traité est écrit en faveur de la connaissance et que nous ne pensons pas connaître chaque chose avant d'en avoir établi le pourquoi (ce qui signifie la cause première), il est clair que nous devons nous-mêmes accomplir cette tâche pour la génération et le dépérissement et pour tout changement naturel, de telle façon qu'une fois leurs principes connus, nous nous efforcions d'y ramener chacune des choses recherchées » (3, 194b17-23). Ainsi se dévoile, après une première thématisation au livre I, l'endroit même où se thématise définitivement et pour la première fois dans l'histoire du savoir humain, la possibilité non plus seulement d'une physique, mais d'une *science* physique.

La théorie des quatre causes est connue. Encore qu'elle n'est pas aussi simple qu'on le pense généralement. Certes, les causes sont au nombre de quatre : matérielle, formelle, efficiente et finale. Mais leur complexité se dégage à travers leur prétention de constituer à la fois des principes explicatifs des choses et des principes des choses elles-mêmes. Or, en cherchant à établir ce lien, non pas en soumet-

tant le réel à la causalité, ni la causalité au réel, mais
en puisant les modes de la causalité dans le réel
pour en faire, jusqu'à un cerain point, à la fois des
principes explicatifs et des principes du réel, Aristote
a lancé un défi à la pensée philosophique qui n'a
cessé de l'embarrasser. Il convient d'établir les
causes de telle façon que tout en expliquant les
choses, elles soient néanmoins les plus adéquates
aux choses mêmes. D'où l'ambiguïté du langage
aristotélicien, qui nous ramène, sans transition, du
savoir à la chose ou de la chose au savoir. Il est
certain que la recherche d'une telle adéquation ne
peut épuiser le rapport des principes au réel sans
réduire le réel aux principes que l'on souhaite y
découvrir. Aristote le sait très bien, puisqu'il n'a
cessé de reprocher cette défaillance à ses prédécesseurs.

En effet, dans le traité *Du ciel* III, 7, 306 a 1-17, il
écrit qu'en traitant des phénomènes, les platoniciens
«énoncent des choses qui ne concordent pas avec
les phénomènes», car ne choisissant pas convena-
blement leurs principes premiers, «ils insistent à
faire tout remonter à certaines opinions arrêtées»;
mieux «par attachement à leurs opinions ils
paraissent se comporter comme ceux qui, dans les
discussions, défendent leurs thèses envers et contre
tout; ils supportent en effet sans fléchir n'importe
quelle conséquence, convaincus qu'ils détiennent
des principes vrais, comme si certains principes ne
devaient pas être jugés aux conséquences qui en
découlent, et surtout à leur fin. Or, cette fin est pour
la science poïétique, l'œuvre, et pour la science
physique, l'explication qui s'accorde toujours et

principalement à l'expérience sensible ». Cette conclusion révèle que le but de la physique est, comme on n'a pas manqué de le souligner, de discerner les phénomènes de la perception par lesquels on doit en fin de compte tester l'accord avec nos principes de la physique [5], et, plus exactement, comme je l'ai précisé moi-même [6], de produire, conformément aux principes, l'explication qui s'accorde toujours et d'une façon principale (mais non exclusive) avec l'expérience sensible. Il s'agit pour elle d'établir, en tant que science, des explications qui puissent être jugées par leurs conséquences et donc aussi par leur accord final avec l'expérience sensible, tout comme l'œuvre produite à partir du savoir intrinsèque à l'art doit être jugée par son usage, qui en est la fin.

Rapportées à la problématique de la causalité, ces considérations révèlent que la causalité doit toujours s'accorder avec l'expérience. De ce fait, une théorie de la causalité est pertinente si le réel dont les causes sont issues devient, en fin de compte, le critère de son évaluation, et elle est féconde si elle tient compte des situations limites, d'une part, en s'élevant au-dessus de l'étant naturel et en envisageant les choses à partir de ce qui éclaire leur fondement, c'est-à-dire selon leur caractère générique ou même analogique, et, d'autre part, en pénétrant également le domaine non scientifique des accidents où domine le mouvement spontané (αὐτόματον) et le hasard (τύχη). C'est parce que l'expé-

5. G.E.L. OWEN, dans *Aristote et les problèmes de méthode*, Louvain, 1961, pp. 83-103; 91.

6. Cf. mon livre déjà cité, pp. 39-40.

rience laisse apparaître un réel complexe et varié qu'Aristote ne peut se limiter à la réduction des principes explicatifs des choses à ces quatre modes essentiels selon lesquels se donnent chaque chose et chaque processus du devenir, au point d'étendre ainsi son emprise dans ces deux directions opposées[7]. D'où son analyse nouvelle par laquelle il cherche à éclairer, à partir du passage 195 a 26, les modes selon lesquels les causes se retrouvent numériquement et génériquement (deux termes qui appartiennent aux modes d'unité des choses). Ces modes rendent possible l'application des causes tantôt aux choses particulières et aux genres qui leur sont propres, tantôt encore aux accidents et à ses genres, et tantôt enfin aux choses dans leur simplicité ou leur complexité ; l'ensemble de ces modes pouvant être également compris selon la puissance et l'acte. Cet élargissement de la causalité à un domaine où la scientificité n'est plus parfaitement assurée, comme dans le cas des choses numériquement unes, où apparaît l'accident, conduit Aristote dans un lieu limite, où la régularité et la nécessité laissent la place au mouvement spontané (αὐτόματον) et au hasard (τύχη). Dès lors un nouvel axe d'analyse est requis pour différencier les étants naturels d'autres manifestations du devenir.

Ces deux analyses pour ainsi dire périphériques de la problématique de la causalité révèlent que

7. Pour une lecture « analytique » et moderne de la question du hasard chez Aristote, voir S. EVERSON, « L'explication aristotélicienne du hasard », *Revue de philosophie ancienne*, 6 (1) 1988, pp. 39-76.

l'étant naturel et les processus dont il est le siège ne
sont réductibles à la question de l'être selon les
multiples catégories que dans la mesure où l'être est
pensable *à partir de* principes attestant l'unité, la
spécificité, le genre, voire l'analogie, et élargissant
le champ d'application des prédicables (définition,
genre, propre, accident), par lesquels Aristote organise l'usage des différentes modalités de l'être (les
catégories) selon des énoncés à caractère prédicatif.
Sans ces multiples structures, qui attestent la présence d'une problématique de l'Un (une hénologie),
l'être, par lequel est signifié chaque chose, serait
confus, voire insignifiant. D'une façon plus concrète, du fait qu'Aristote envisage l'étant selon une
multiplicité de modes (les catégories) grâce auxquels s'articule son ontologie, la problématique de
l'être s'inscrit dans l'ordre de l'un et du multiple, et
s'accorde aux modes selon lesquels il y a unification
(unité numérique, spécificité, genre, analogie) et
mise en rapport de deux ou de plusieurs étants
(prédicables; unité relative à un terme premier, soit
selon l'étance, soit selon une série d'étants)[8]. Or, la
théorie de la causalité, parce qu'elle délimite l'étant
et l'explique à partir de ses propres conditions de
manifestation (à la fois dans le réel et dans l'ordre
du langage) suppose aussi un lieu de la réflexion
que ni la physique, ni l'ontologie comme étude de
l'étant comme tel ne sauraient porter à elles seules.
Ce lieu préalable, qui constitue l'arrière-fond de la
physique, bien qu'il ne lui appartienne pas en

8. Cf. en particulier mon étude « L'Etre et l'Un chez
Aristote », *op. cit.*

propre, circonscrit un horizon métaphysique, non plus de l'étant et du point de vue « onto-théologique », mais de l'un et d'une perspective « hénologique », comme je viens de le rappeler, – qui caractérise la fondation méthodologique de la démarche d'Aristote. Cette question, qui attend encore une prise en considération de la part des interprètes, rend possible un élargissement de l'analyse de l'étant vers des domaines où la scientificité n'est plus accessible, comme celui du hasard et du mouvement spontané, qui se lient à l'accident. Ce qui nous conduit aussitôt au second axe d'analyse que j'ai annoncé ci-dessus.

2. – Le ton est donné, dès le début du chapitre 4 : « on dit aussi que le hasard et le mouvement spontané appartiennent aux causes et que beaucoup de choses sont et deviennent par leur entremise. Il faut donc se demander selon quel mode le hasard et le mouvement spontané appartiennent aux causes, s'ils sont identiques ou différents, et, en général, ce qu'est le hasard et le mouvement spontané » (195 b 30-36). Mais avant d'entamer ces questions successives, qui articulent les chapitres 5 et 6, Aristote défend d'abord, au chapitre 4, l'existence de ces causes, niées par certains, et refuse ensuite à ces processus la possibilité de constituer les causes de l'univers, comme si celles-ci pouvaient être antérieures à l'intellect, dans le cas de l'activité humaine, et à la nature, dans le cas du devenir naturel compris selon un processus qui arrive toujours ou fréquemment. Or ce refus, qui ne s'oppose pas à l'existence du hasard et du mouvement spontané, mais les situe, par le lien qu'ils entretiennent avec la cause par

accident, comme postérieurs aux causes par soi,
entraîne une suite indispensable à son étude : la
recherche du pourquoi ultime des choses, rapporté à
l'essence et à la finalité (chapitre 7), et la fondation
de la finalité de la nature au détriment de la
nécessité mécaniste (chapitre 8) qui, réduite en fin
de compte à la nécessité matérielle, soumet toute
matérialité à l'emprise de la forme – et donc à la
finalité qu'elle suppose (chapitre 9).

Ainsi donc, c'est parce qu'il existe des choses
qui adviennent en dehors de celles qui deviennent
toujours et fréquemment, qu'il y a hasard et mouvement spontané. Mais, appartenant à l'ordre de
l'accident, et devenant en dehors de toute régularité,
la démarcation qui se produit parmi ces choses
atteste la présence ou l'absence d'une fin. Le
problème du hasard et du mouvement spontané
n'est pas pour autant extérieur au problème de la
finalité, car, en tant que causes par accident, le
hasard et le mouvement spontané arrivent aux
choses qui, étant en vue d'une fin, peuvent néanmoins la transgresser. Leur domaine est donc de
l'ordre de l'indéterminé.

Quant à leur différence, établie au chapitre 6,
elle dénote le caractère plus extensif du mouvement
spontané. Tributaire d'une cause intérieure, celui-ci
concerne tant les phénomènes contre-nature que les
phénomènes naturels (par exemple, l'arrivée spontanée d'un cheval qui permet de le sauver, alors
même qu'il n'est pas venu dans ce but), dont
certains sont analysés par Aristote dans ses œuvres
biologiques, où il défend même la possibilité d'une
génération spontanée d'un certain nombre d'êtres ;

en revanche, le hasard concerne surtout l'activité humaine, en particulier l'activité raisonnée, source d'un choix. Cela l'autorise à affirmer que « c'est la raison pour laquelle, n'ayant pas l'activité de choisir, aucun étant inanimé, ni aucune bête, ni aucun enfant ne produisent rien par hasard ; ni la chance, ni la malchance ne leur appartient davantage, si ce n'est selon une ressemblance » (197 b 6-9). Cependant, si ces causes par accident supposent des causes par soi (comme la nature et l'intellect), comment ces dernières se manifestent-elles?

C'est au chapitre 7 qu'Aristote situe le mode d'être du pourquoi, tantôt du côté de l'essence (comme dans le cas des mathématiques) et tantôt du côté de la cause efficiente, elle-même rapprochée des causes formelle et finale. Dans plusieurs cas, dit-il, ces « trois causes sont réductibles à une, car, d'une part, l'essence et ce en vue de quoi sont un, et, d'autre part, ce d'où s'amorce initialement le mouvement leur est spécifiquement identique, puisque c'est un homme qui engendre un homme, et, en général, les choses qui meuvent tout en étant mues » (198 a 24-27). Le dernier chapitre montre que face à cette unité causale se dresse la cause matérielle, envisagée selon sa nécessité même, comme condition de la finalité : par exemple pour que la scie puisse réaliser son œuvre et scier, elle doit nécessairement être faite d'une matière dure, comme le fer, et dans les étants naturels le nécessaire est également ce qui est dit être comme la matière et les mouvements qui la concernent (200 a 30-34). Or l'émergence d'une nécessité au sein de l'étant naturel, met à nouveau face à face deux principes : la matière et la forme (liée désormais plus clairement qu'auparavant à la finalité). Par là même, nous sommes ramenés à notre point de départ, au cœur du chapitre 1, où la nature se manifeste doublement, selon la forme et la matière, la première étant davantage nature que la seconde. Mais cette fois-ci nous discernons que cette dualité principielle s'accorde à la causalité, selon sa quadruple modalité, en vertu des nuances qui rapprochent et séparent la cause efficiente (qui transmet l'*eidos* par le mouvement même qu'elle amorce), la cause formelle (qui exprime pleinement l'*eidos* et, par lui, l'essence de la chose) et la cause finale (qui envisage l'*eidos* dans son rapport à sa raison d'être, au *logos* qui ordonne la chose qui devient, et qui se manifeste phénoménalement selon une «forme», une *morphè*).

Ces analyses sont si importantes qu'Aristote circonscrit aussitôt leurs champs de recherche, en excluant de la physique les choses immobiles. Ces domaines de recherche sont au nombre de trois: le premier concerne ce qui est immobile (philosophie première), le deuxième, ce qui est mû mais impérissable (la physique en tant qu'elle étudie le monde supralunaire, donc aussi l'astronomie, où interviennent également les mathématiques) et le troisième les choses qui sont périssables (la physique en tant qu'elle étudie le monde sublunaire en devenir). Quant à l'unité des trois causes, elle conduit à un domaine pour ainsi dire postérieur à la physique: d'abord, par les causes efficiente (grâce à l'*eidos* transmis, qui demeure comme tel en dehors de tout devenir) et finale (qui peut être en elle-même impassible, comme par exemple, l'intelligible ou l'objet désiré) ; ensuite, par le caractère éternel du mouvement supralunaire de la translation circulaire et l'éther comme « matière » parfaite ; enfin, par le premier mouvant immobile. Face à cette ouverture métaphysicienne, le physicien sait désormais qu'en plus de ces trois causes proches, il doit s'occuper de la matière. Ce point n'est pas bien sûr étrange, si l'on se souvient que ce champ de recherche était déjà celui des anciens physiciens ; mieux, il est naturel, comme Aristote le montre au cœur de son analyse du chapitre 9, lorsqu'il souligne que le mathématicien aussi cherche une nécessité analogue (le fait que la droite est telle entraîne nécessairement le fait que triangle a des angles égaux à deux angles droits) ; cependant, cette dernière nécessité est inverse de celle qu'on trouve dans les œuvres de l'art ou dans les étants naturels, où c'est la fin qui détermine la matière comme condition nécessaire ou, si l'on préfère, comme nécessité conditionnelle.

Par rapport aux chapitres 1 et 2, la progression est décisive, puisqu'elle réalise définitivement la scientificité de l'étant naturel. De plus, cette progression permet de discerner qu'avant même qu'il approfondisse l'explication de l'étant naturel à partir de la causalité, Aristote aborde déjà ses conditions et les établit d'une façon objective, à partir d'une différenciation des choses produites par l'art, qui assure en même temps un modèle d'analyse. En d'autres termes, la recherche de la naturalité de l'étant naturel, qui lui confère son être propre, génériquement différent de tout autre chose, précède, dans l'ordre argumentatif, la question de la scientificité, bien que celle-ci demeure, dès le livre I, à l'arrière-fond de la recherche. C'est dire que la problématique de la causalité est déjà en creux dans ce qui est défini, par Aristote, comme étant de l'ordre des œuvres produites par l'art et des étants naturels eux-mêmes. Cependant, la progression de son argumentation révèle qu'une analyse de la « nature » est insuffisante pour circonscrire l'étant naturel [9], et qu'il faut avancer encore et l'appréhender à partir de ses conditions propres, notamment dans ce qui constitue le principe même du mouvement, conditions qui sont antérieures à son épanouissement même comme étant. L'unité des trois causes qui déterminent la spécificité (efficiente, formelle et finale) rend ainsi possible une unité plus essentielle, celle de l'ensemble des quatre causes. Cette unité se dégage, au terme du chapitre 9, à travers l'affirmation d'Aristote, selon laquelle la nécessité matérielle est incluse dans la raison d'être de la chose ; de sorte que tout se passe comme si la notion ambiguë de *logos* renfermait en elle à la fois la spécificité et la matière de l'étant, voire même sa définition en laquelle devrait figurer également la matière.

Il n'empêche que cet effort de saisir l'étant naturel dans l'unité des quatre causes ne résout pas la question de fond que cette unité suscite, à savoir si et comment le dualisme principiel entre la spécificité et la matière peut être resorbé. En fait, cette question n'appartient pas à la physique mais à la

9. Comme le fait par exemple Heidegger, dans « Von Wesen und Begriff der Φύσις bei Aristoteles, Physik B,1 », *Wegmarken*, Frankfurt am Main, 1967 (1939), pp. 309-371.

métaphysique ; elle constitue le nerf de l'argumentation des livres Z, H, Θ et I de la *Métaphysique*.
La *Physique* se contente de situer l'objet d'étude du
physicien dans une unité limitée, dominée par la
co-présence des quatre causes, sans que cette unité
doive être nécessairement fondée. C'est pourquoi,
au-delà de cette unité de fait, se pose la question de
savoir ce qui échappe à cette unité. Et c'est bien
l'orientation donnée par Aristote à son étude en
traitant du hasard et du mouvement spontané.

En effet, pour que l'unité de fait des quatre
causes ait un sens, il convenait d'abord d'approfondir la nécessité au moyen d'une analyse préalable du hasard et du mouvement spontané. Au point
qu'on oserait dire que la problématique de la causalité, dont le rôle est essentiel pour établir la scientificité de la physique, ne saurait être pleinement
articulée dans l'ordre physique avant que soient
envisagés tous les modes de la causalité, parmi
lesquels le hasard et le mouvement spontané tiennent une place qui est loin d'être négligeable.

On peut ainsi constater la cohérence profonde
du propos d'Aristote. Cette cohérence apparaît plus
clairement encore, quand on discerne que la seule
cause qui demeurait jusqu'ici en retrait, et donc peu
étudiée, à savoir la cause efficiente, s'impose au
cœur de l'analyse du mouvement, dans le livre III
qui suit. Mais c'est là une question qui déborde le
présent travail[10].

10. Je néglige ici ce point avec d'autant plus d'aisance
que je l'ai longuement traité dans le livre que j'ai consacré
à la *Physique*, notamment au chapitre V.

4. Texte et traduction

J'emprunte pour la traduction le texte de W. D. Ross, paru dans l'Oxford Classical Texts (1950, avec les corrections de 1966). En plus de modifications de détail concernant les leçons des manuscrits, que j'indique ci-dessous, j'ai réaménagé quelques ponctuations et, plus particulièrement, j'ai supprimé ou modifié certaines parenthèses, qui ne me paraissent pas toujours justifiées.

– **192 b 11-12**: avec la plupart des éditeurs, j'ai suivi la leçon de Simplicius, ταῦτα... φαμέν, mais j'ai évité de reprendre ταῦτα dans la suite immédiate (b12), comme le fait Ross, préférant la leçon τὰ ῥηθέντα, retenue par Carteron, à la suite d'autres mss.

– **193 a 11**: il m'a semblé inutile d'ajouter ὂν à ἀρρύθμιστον, comme on le fait parfois en se référant à *Métaph.* Δ 4, 1014b28., dont le contexte est différent.

– **193 b 11**: contrairement à Ross, j'ai adopté, avec Carteron et la majorité des mss., la leçon τέχνη, au lieu de φύσις.

– **193 b 17**: j'ai retenu de nouveau avec Carteron et la plupart des mss., la leçon εἰς, supprimée par Ross, car elle rend mieux le sens du texte.

– **194 a 30**: en accord avec la plupart des mss., je supprime τὸ, car il s'agit ici de toutes les formes de terme ultime.

– **195 a 23**: Ross supprime à tort l'expression ἢ κινήσεως, retenue par plusieurs mss., qui s'accorde bien au contexte, en marquant l'extension de la cause efficiente à toute forme de changement et de mouvement.

– **196 b 34-36** : Relèvant après d'autres la difficulté de la leçon suivie par Ross, Charlton suggère
d'y ajouter une particule : ἀλλά συνέβη αὐτῷ ἐλθεῖν,
τοῦτο < τὸ > τοῦ κομίσασθαι ἕνεκα, qu'il traduit par
« He... did this thing (sc. going to where his debtor
was) which was for (i.e. which might have been
done through thought for) getting back the
money ». Aristote semble ainsi dire qu'en dépit du
fait que la personne n'y soit pas venue dans ce but, il
lui est néanmoins arrivé d'y être venue et « d'y
accomplir cet acte *qui était* en vue de recevoir
l'argent ». Pour marquer davantage encore cette
précision, on pourrait remplacer la traduction 'qui
était', proposée par Charlton, par une parenthèse qui
insère la formule 'comme si elle était venue'. A
moins, comme je le propose dans la traduction, de
supprimer la virgule introduite par Ross, en portant
l'accident également sur l'action — ce qui rend
inutile l'adjonction de Charlton.

Quant à la traduction, elle vise, autant que possible, à être fidèle à l'original grec, en sacrifiant
souvent la beauté du style. D'autre part, bien qu'il ne
soit pas toujours pertinent d'innover dans le
domaine de la traduction, il m'a paru utile, dans
quelques cas, de transgresser cette règle, pour rendre
plus adéquate des traductions qui risquent de fausser
l'analyse d'Aristote. En particulier, j'ai traduit : ὄν
par *étant*, οὐσία par *étance*, εἶδος par *spécificité*, τὸ τί ἦν
εἶναι par *ce qu'était (et est) être*, μορφή par *forme*, τὸ οὗ
ἕνεκα par *ce en vue de quoi*, ὅθεν par *ce d'où*, etc. Pour
plus de détails voir le glossaire à la fin du livre.

PHYSIQUE II

1. <192b8> En effet, parmi les étants, les uns sont par nature, les autres par d'autres causes. Sont par nature les animaux et leurs parties, les <10> plantes et les corps simples, tels la terre, le feu, l'air et l'eau, car ce sont ces choses et celles de cette sorte que nous disons être par nature. Or, tous les étants que nous venons d'énumérer paraissent se distinguer des choses qui ne sont pas constituées par nature, car chacun d'entre eux possède en lui même un principe de mouvement et de stabilité, les uns selon le lieu, <15> d'autres selon la croissance et la décroissance, d'autres encore selon l'altération. En revanche, un lit, un vêtement et, à supposer qu'il existe, quelque autre genre de cette sorte, en tant qu'ils se rencontrent dans chacune des catégories, et pour autant qu'ils sont produits par un art, ne possèdent en eux aucun élan inné au changement, bien que, d'autre part, en tant qu'il leur arrive d'être fait de pierre ou <20> de terre, voire de mélanges des deux, ils le possèdent, mais dans cette mesure seulement où la nature est quelque principe et cause de se mouvoir et se tenir en repos, dans ce qu'ils appartiennent immédiatement par soi et

non par accident. Je dis bien non par accident, parce qu'il se pourrait qu'étant médecin quelqu'un soit cause de sa propre santé ; <25> néanmoins, ce n'est pas en tant qu'il est en train de se guérir qu'il possède l'art médical, mais il est arrivé que le même soit médecin et se guérisse lui-même ; c'est pourquoi ces deux activités peuvent être séparées. Il en va de même pour chacune des autres choses produites : aucune d'elles ne possède en elle-même le principe de la pro-duction, mais les unes l'ont dans des agents différents et de l'extérieur, par exemple <30> la maison et chacun des autres objets faits à la main, tandis que les autres, à savoir celles qui pourraient devenir causes d'elles-mêmes par accident, l'ont certes en elles-mêmes mais non par soi.

<192b32> Est donc nature ce que nous avons dit. D'autre part, ont une nature les étants qui possèdent un tel principe, et tous sont étance, car toujours la nature est un certain sujet et réside dans un sujet. <35> Or, ces étants et tout ce qui leur appartient par soi sont conformes à la nature, comme par exemple le fait pour le feu de se porter vers le haut, parce que cela n'est pas une nature <193a1> et ne possède pas non plus une nature, mais est par nature et conforme à la nature. Par là même il a été bien dit ce qu'est la nature, ce qu'est par nature et conforme à la nature. Or, toute tentative de montrer que la nature existe est une chose ridicule, car il est clair qu'il y a un grand nombre d'étants de cette sorte. Du reste, montrer

les <5> choses claires au moyen des choses obscures, est le propre de celui qui est incapable de discerner le connaissable par soi du non-connaissable par soi. Certes, il n'est pas exclu que des gens de cette sorte puissent être affectés de cette déficience (puisqu'un aveugle-né pourrait aussi raisonner sur les couleurs), mais alors il est nécessaire que leur discours porte sur les mots, sans qu'ils pensent à rien.

<193a9> Il semble à certains que la nature et l'<10> étance des étants qui sont par nature est ce fond premier qui, par soi sans ordonnance, appartient à chaque chose d'une façon immanente, tel le bois comme nature du lit, l'airain de la statue. La preuve en est, dit Antiphon, que si l'on enfouissait un lit dans la terre et que la moisissure arrivait à acquérir suffisamment de puissance pour faire pousser un bourgeon, ce n'est pas un lit qui adviendrait mais du bois, parce que le <15> lit appartient au bois par accident, grâce à la disposition qui est conforme à la convention et à l'art, tandis que le bois est une étance qui subsiste en subissant sans cesse ces processus. Si maintenant chacune de ces entités subissait un processus du même type relativement à quelque autre entité (par exemple l'airain et l'or relativement à l'eau, les os et les bois relativement à la terre, et pareillement <20> pour n'importe laquelle des autres choses de cette sorte), c'est alors cette dernière qui constituerait leur nature et leur étance. C'est la raison pour laquelle les uns disent

que la nature des étants est le feu, d'autres la terre, d'autres l'air, d'autres l'eau, d'autres certaines de ces entités, d'autres encore toutes ensemble, car ce que chacun d'entre eux a conçu de cette sorte comme un ou multiple, c'est bien cela et selon ce nombre qui est l'étance <25> entière, toutes les autres manifestations n'étant que leurs propriétés, les états qu'elles acquièrent et leurs dispositions naturelles. Du reste, quelle que soit parmi elles l'entité concernée, elle est éternelle, car il ne se produit pas de changement en elles à partir d'elles-mêmes, tandis que les autres manifestations s'engendrent et périssent un nombre infini de fois.

<193a28> D'une façon donc la nature se dit ainsi : la matière prochaine qui gît en chaque chose parmi celles qui possèdent en elles-mêmes un <30> principe de mouvement et de changement ; d'une autre façon : la forme et la spécificité conforme à la raison d'être <de la chose>. De même en effet qu'un art se dit de ce qui est conforme à l'art et de ce qui est technique, de même la nature se dit de ce qui est conforme à la nature et de ce qui est naturel ; et comme, dans le cas de l'art, nous ne dirions pas de ce qui est seulement en puissance un lit, ni qu'il a quoi que ce soit de conforme à l'art avant <35> qu'il ne possède de quelque manière la spécificité du lit, ni qu'il est un art, de même, pour les choses qui se constituent par nature, nous ne dirions rien de pareil, car la chair ou l'os en puissance <193b1>

non seulement n'ont pas de quelque manière leur nature propre avant qu'ils aient acquis la spécificité conforme à leur raison d'être, spécificité par laquelle, en définissant, nous disons ce qu'est la chair ou l'os, mais encore ils ne sont pas non plus par nature. De sorte que, d'une autre façon, la nature des étants possédant en eux-mêmes un principe de mouvement, serait bien la forme et la spécificité, cette dernière cependant n'étant pas <5> séparée, si ce n'est selon la raison. Du reste, ce qui advient de ces principes n'est pas nature, il est par nature, tel par exemple un homme. Et c'est la forme qui est davantage nature que la matière, car chaque chose se dit être ce qu'elle est seulement lorsqu'elle est en entéléchie plutôt que lorsqu'elle est en puissance. De plus, un homme vient d'un homme, mais non pas un lit d'un lit – ce qui explique au demeurant pourquoi ils disent que ce n'est pas la figure qui est <10> la nature mais le bois, puisque si le bourgeon y poussait, il se produirait du bois et non un lit. Par conséquent, si cela est de l'art, la forme à son tour est nature, car d'un homme vient un homme. Enfin, la nature qui se dit au sens de génération est un chemin qui conduit à une nature. Elle ne ressemble pas pour autant à la guérison, qui est dite être un chemin qui conduit non pas à l'art médical mais à la santé, <15> puisque nécessairement la guérison provient de l'art médical au lieu d'y conduire. Ce n'est pas ainsi que la nature se comporte à l'égard de la nature, mais ce qui s'épanouit à partir de quelque chose va vers quelque chose en tant qu'il s'épanouit. Vers quoi s'épanouit-il? Non pas vers ce à partir de quoi il provient, mais vers ce qu'il devient. D'où il s'ensuit que c'est la forme qui est nature. A la vérité, la forme et la nature se disent de deux façons, car la privation aussi <20> est en quelque sorte une spécificité. Quant à savoir si la privation est ou n'est pas quelque chose de contraire dans la génération absolue, cela sera examiné plus tard.

2. <193b22> Après avoir circonscrit le nombre de sens dont se dit la nature, il convient d'étudier en quoi le mathématicien se distingue du physicien, car les corps naturels possèdent aussi des surfaces et des volumes, ainsi que des longueurs <25> et des points, qui sont l'objet de recherche du mathématicien. De plus, on peut se poser la question de savoir si l'astronomie est une science séparée ou si elle fait partie de la physique, car il est absurde que le physicien connaisse ce qu'est le soleil ou la lune mais ignore les accidents par soi; d'autant que ce que paraissent dire ceux qui discutent de la nature ils le disent aussi de la figure de la lune et du soleil, <30> et se demandent si la terre et l'univers sont ou non sphériques. Il est vrai que le mathématicien étudie aussi ces figures, non cependant en tant que chacune est la limite d'un corps naturel; mieux, il n'étudie pas non plus les accidents en tant qu'ils arrivent aux étants de cette sorte. C'est

pourquoi il les sépare, parce qu'ils sont séparables
du mouvement par la pensée, sans que cela
entraîne quelque différence, <35> et sans qu'il s'y
produise non plus de distorsion du fait qu'ils sont
séparés. Bien qu'ils opèrent d'une façon analogue,
ceux qui parlent d'Idées dissimulent cette perspective, parce qu'ils séparent les étants naturels
<194a1> qui sont pourtant moins séparables que
les étants mathématiques. Ce point serait devenu
plus clair si l'on avait essayé d'établir pour chacun des deux cas les définitions à la fois des
choses elles-mêmes et des accidents. En effet,
l'impair, le pair, le droit et le courbe, et en outre le
nombre, <5> la ligne et la figure peuvent exister
sans mouvement, ce qui est impossible pour la
chair, l'os et l'homme, lesquels se disent comme
le nez camus, et nullement comme le courbe.
Cette perspective est également manifeste pour les
parties les plus physiques des mathématiques,
comme l'optique, l'harmonique et l'astronomie,
qui se comportent d'une façon opposée à la géométrie, puisque la <10> géométrie prend comme
objet de recherche la ligne naturelle, non cependant en tant que naturelle, tandis que l'optique
envisage à son tour la ligne mathématique, non
en tant que mathématique, mais en tant que naturelle. Dès lors il s'ensuit que dans la mesure où la
nature se dit en deux sens, la spécificité et la
matière, il faut l'étudier comme si l'on
recherchait ce qu'est la camusité du nez; si bien
que ces choses ne sont ni sans matière ni con-

formes à la <15> matière. Il faudrait d'ailleurs à ce
propos poser une aporie : étant donné qu'il y a
deux natures, de laquelle s'occupe le physicien ?
A moins qu'il s'occupe de ce qui advient de leur
composition ? Or, s'il s'occupe de ce qui advient
de leur composition, il s'occupera aussi de
chacune d'elles en particulier. Mais alors, est-ce
l'objet de la même science ou d'une autre de
connaître chacune d'elle ? Certes, à regarder du
côté des Anciens, on croirait que le physicien
doit s'occuper de la matière, <20> puisque < seuls >
Empédocle et Démocrite ont touché pour une
petite part à la spécificité et à ce qu'était (et est) être
pour une chose. Cependant, si l'art imite la
nature, alors même qu'il appartient à la même
science poïétique de connaître jusqu'à un certain
point la spécificité et la matière (par exemple, il
appartient au médecin de connaître aussi bien la
santé que la bile et le phlegme dans lesquels
réside la santé, et pareillement à l'entrepreneur
de connaître à la fois la spécificité de <25> la
maison et la matière, c'est-à-dire que cette dernière est des tuiles et du bois, et de même pour le
reste), il appartiendrait également à la physique
de connaître les deux natures à la fois. De plus,
c'est de la même science que relèvent ce en vue
de quoi et la fin, ainsi que toutes les choses qui
contribuent à leur réalisation. Or la nature est fin
et ce en vue de quoi il y a une chose, car les
choses dont le mouvement est continu ont une
certaine fin <30>, et celle-ci est un terme ultime et

ce en vue de quoi il y a une chose – c'est pourquoi
le poète s'est laissé égarer ridiculement lorsqu'il
dit : « il arrive au terme pour lequel il est né », car
ce n'est pas tout point ultime qui est une fin, mais
le meilleur. Il n'empêche que dans la mesure où
les arts produisent la matière, les uns absolument
dès l'origine, les autres en la rendant propice au
but recherché, et que nous utilisons aussi toutes
choses qui existent <35> comme si elles existaient
en vue de nous-mêmes, – car nous sommes en
quelque sorte nous aussi une fin, puisque, comme
cela a été dit dans les livres *Sur la Philosophie*, ce
en vue de quoi se dit selon deux sens –, il s'ensuit
qu'ils sont deux <194b1> les arts qui commandent
à la matière et qui connaissent : l'art concernant
l'usage des produits et, dans le cas de l'art poïétique, celui qui est architectonique. C'est pourquoi
l'art concernant l'usage est d'une certaine façon
aussi architectonique, leur différence résidant
dans le fait que l'un, l'art architectonique, fait
connaître la spécificité de la chose, tandis que
l'autre, en tant que producteur, fait connaître la
<5> matière : c'est ainsi que le commandant
connaît et prescrit quelle sera la spécificité du
gouvernail d'un navire, le producteur de quel bois
et par quels mouvements il sera produit. Par
conséquent, dans les choses qui sont conformes à
l'art, c'est nous qui produisons la matière en vue
de l'œuvre, alors que dans les choses naturelles,
la matière appartient à la chose. En outre, la
matière est de l'ordre des choses relatives, car ce

qui est autre par sa spécificité implique une autre matière.

<194b9> Jusqu'à <10> quel point exactement le physicien doit-il connaître la spécificité et l'essence ? Ne doit-il pas les connaître à la façon dont le médecin connaît le nerf ou le forgeron l'airain, c'est-à-dire jusqu'à ce qu'il sache en vue de quoi chaque chose s'épanouit, et au sujet des étants dont la spécificité est séparable bien qu'ils soient dans une matière ? Car un homme engendre un homme avec l'aide du soleil. Quant à savoir comment se comporte ce qui est séparé et ce qu'il est, c'est une tâche qui appartient à la philosophie <15> première.

3. <194b16> Après avoir circonscrit ces points, il faut réfléchir sur les causes, dans le but de rechercher leur nature et leur nombre. Dans la mesure en effet où ce traité est écrit en faveur de la connaissance et que nous ne pensons pas connaître chaque chose avant d'en avoir établi le pourquoi (ce qui signifie <20> établir la cause première), il est clair que nous devons nous-mêmes accomplir cette tâche pour la génération et le dépérissement, et pour tout le changement naturel, de telle façon qu'une fois leurs principes connus, nous nous efforcions <23> d'y ramener chacune des choses recherchées.

<194b23> Dans un premier sens, donc, est qualifié de cause ce à partir de quoi quelque chose devient, et qui lui appartient d'une façon imma-

nente, par exemple <25> l'airain de la statue et
l'argent de la coupe, ainsi que leurs genres; dans
un autre sens, la spécificité et le modèle, ce qui
signifie la raison d'être propre à ce qu'était (et est)
être pour la chose, et les genres qui la concernent,
tel le rapport de deux à un comme raison d'être de
l'octave, et en général le nombre, ainsi que les
parties qui appartiennent à la raison d'être. De
plus, est qualifié de cause ce d'où vient le principe
<30> premier du changement ou du repos, par
exemple celui qui a délibéré est cause (de
l'action), le père aussi de l'enfant et, en général,
ce qui produit de ce qui se produit et l'agent du
changement de ce qui change. Enfin, il y a la
cause au sens de fin, qui signifie ce en vue de
quoi, par exemple, la cause de la promenade est la
santé : « pourquoi en effet se promène-t-on ? C'est,
disons-nous, pour sauvegarder la santé », et
répondant ainsi nous pensons <35> avoir rendu la
cause. Par suite, est cause aussi tout ce qui, après
avoir été mû par un autre, devient <195a1> dans
l'intervalle intermédiaire qui le sépare de la fin :
par exemple, pour la santé l'amaigrissement, la
purgation, les remèdes ou les instruments, car
toutes ces choses sont en vue de la fin, et elles
diffèrent entre elles parce que les unes sont des
activités, les autres des instruments.

    <195a3> C'est donc à peu près en autant de
sens que se disent les causes, bien qu'il arrive
aussi, parce qu'elles se disent ainsi en plusieurs
sens, <5> qu'une même chose ait de nombreuses

causes qui ne sont pas par accident : par exemple,
pour la statue, l'art statuaire et l'airain ne s'y
rapportent pas selon un rapport quelconque mais
en tant qu'elle est une statue ; encore que ce n'est
pas de la même façon, puisque l'un s'y rapporte
comme une matière, l'autre comme ce d'où
s'amorce le mouvement. Il existe même des
choses qui sont causes l'une de l'autre : par
exemple l'exercice est cause d'un corps sain et
celui-ci de <10> l'exercice, bien qu'ils ne le soient
pas de la même façon, l'un étant cause comme
fin, l'autre comme principe du mouvement. De
plus, le même peut être cause des contraires, car
ce qui étant présent est cause de tel effet, nous le
rendons parfois responsable, lorsqu'il est absent,
de l'effet contraire : par exemple si l'on attribue à
l'absence du commandant la cause du chavire-
ment du navire, c'est qu'on attribuait à sa
présence la cause du salut. <15> Or, toutes les
causes qui viennent d'être énumérées tombent
sous les quatre modes les plus manifestes. Sont
ainsi causes sous le mode de ce à partir de quoi,
les lettres des syllabes, la matière des objets
fabriqués, le feu et ce genre d'entités des corps, les
parties du tout et les prémisses de la conclusion,
bien que, parmi ces choses, les unes soient causes
sous le mode <20> du sujet, par exemple les
parties, les autres sous le mode de ce qu'était (et
est) être pour la chose, comme le tout, le composé
et la spécificité. Quant à la semence, au médecin,
à celui qui a délibéré et en général à ce qui

produit, ils expriment tous ce d'où vient l'origine du changement ou de la stabilité ou du mouvement. Enfin, pour les causes des autres choses, elles le sont sous le mode de la fin et du bien, car ce en vue de quoi veut être le meilleur <25> et une fin des autres choses ; il n'y a d'ailleurs aucune différence de le qualifier de bien ou de bien apparent.

<195a26> Telles sont donc les causes et tel est le nombre de leur espèce. Quant aux modes selon lesquels les causes se retrouvent dans les cas singuliers, ils sont multiples, bien que leur nombre se réduise une fois regroupés. C'est que les causes se disent selon plusieurs sens, et pour les choses spécifiquement <30> semblables, elles se disent de l'une et de l'autre selon un rapport d'antériorité et de postériorité : par exemple pour la santé le médecin et l'homme d'art, pour l'octave le double et le nombre, et toujours les contenants par rapport à la chose particulière. Elles se disent encore au sens de l'accident et de ses genres : par exemple pour la statue, Polyclète se dit autrement cause que ne se dit le statuaire, du fait qu'il arriva que <35> Polyclète soit le statuaire. De même elles se disent au sens de contenants de l'accident : par exemple si l'on disait que l'homme ou <195b1> l'animal en général était cause de la statue. Toujours dans le cas des accidents, on les dit plus éloignés et plus rapprochés les uns des autres : par exemple si l'on dit que le blanc et le lettré sont causes de la statue.

D'autre part, toutes les causes, aussi bien celles qui sont dites d'une façon propre que celles qui le sont selon l'accident, sont dites les unes au sens de ce qui est potentiel, <5> les autres au sens de ce qui actualise : par exemple dans le fait de construire une maison l'entrepreneur ou l'entrepreneur qui construit. On tiendra des considérations semblables pour les choses dont les causes sont les causes qui viennent d'être décrites : par exemple cette statue, la statue ou en général l'image, et cet airain, l'airain ou en général la matière ; et pareillement pour ce qui concerne les accidents. <10> De plus, celles-ci et celles-là sont dites également composées : par exemple lorsqu'on dit le statuaire Polyclète et non Polyclète ou le statuaire.

<195b12> Mais quoi qu'il en soit, tous ces modes se ramènent au nombre de six, tout en se disant selon deux sens : au sens de chaque chose particulière ou au sens de genre, de ce qui est par accident ou du genre de ce qui est <15> par accident, de choses dites composées ou simplement. Du reste, toutes ces choses sont dites ou bien au sens où elles actualisent ou bien au sens où elles sont selon la puissance. Encore qu'il existe une différence, du fait que les choses qui actualisent et les choses particulières sont simultanément ou non avec les choses dont elles sont causes : par exemple, alors que celui qui guérit est simultanément avec celui qui se guérit, et celui qui construit <20> avec ce qui se construit, au con-

traire, les choses qui sont selon la puissance ne le sont pas toujours, car la maison et l'entrepreneur ne périssent pas en même temps. D'autre part, il faut toujours chercher la cause ultime de chaque chose, comme on le fait dans les autres disciplines : par exemple l'homme construit parce qu'il est un entrepreneur, tandis que lui-même construit en se conformant à l'art de construction, ce dernier étant précisément la cause antérieure ; <25> et il en va de même dans tous les cas. De plus, les genres sont causes des genres, les choses particulières des choses particulières (par exemple le statuaire de la statue, celui-ci de ceci), alors que les puissances le sont des possibles et les choses qui actualisent des choses qui s'actualisent.

Considérons ainsi que nous avons suffisamment circonscrit le nombre de causes et le mode sous lequel elles sont causes.

4. <195b30> On dit aussi que le hasard et le mouvement spontané appartiennent aux causes et que beaucoup de choses sont et deviennent par le hasard et par le mouvement spontané. Il faut donc examiner selon quel mode le hasard et le mouvement spontané font partie de ces causes, s'ils sont identiques ou différents, et, en général, ce qu'est le hasard et le mouvement spontané. D'autant que certains se demandent s'ils existent ou non, <196a1> et disent même que rien n'advient par hasard, mais que pour toutes les choses que nous disons devenir par le mouve-

ment spontané ou le hasard, il y a quelque cause
déterminée : par exemple, le fait que quelqu'un
vienne au marché par hasard, où il rencontre
celui qu'il souhaitait joindre, sans cependant qu'il
ait pensé le rencontrer, a pour cause le fait d'y
être venu <5> en voulant faire des achats. Pareillement, pour tous les autres cas qui sont dits se
produire par hasard, il y a toujours quelque chose
qu'on peut prendre comme étant la cause et qui
n'est pas de l'ordre du hasard, puisque si le hasard
était effectivement quelque chose, il paraîtrait
comme une chose vraiment absurde, et l'on
devrait même se demander pourquoi aucun des
anciens sages en parlant des causes de la génération et du dépérissement <10> n'a jamais rien
prescrit à son sujet, mais, comme il semble,
aucun d'entre eux non plus ne pensait que
quelque chose soit par hasard. Cependant ce qui
suit n'est pas moins étonnant : alors que beaucoup
de choses deviennent et sont par hasard et par le
mouvement spontané, et qu'ils n'ignoraient pas
que chacune devait être rapportée à l'une des
causes de choses en devenir, s'accordant ainsi à
cette ancienne parole qui nie le hasard, tous pourtant considèrent que, parmi les choses, les unes
sont par hasard, <15> les autres non. C'est pourquoi ils auraient dû, d'une façon ou d'une autre,
faire mention de cette question. D'autant plus
qu'ils ne pensaient pas que le hasard faisait partie
non plus des causes comme l'amitié, la haine,
l'intellect, le feu ou tout autre chose de cette sorte.

Il est donc absurde qu'ils n'aient pas conçu son existence ou, l'ayant conçue, l'aient néanmoins négligée, alors qu'ils en font parfois l'usage, comme Empédocle, <20> quand il affirme que ce n'est pas toujours que l'air se sépare du reste pour s'élever au lieu le plus haut, mais en fonction de ce qui lui arrive par hasard. Il dit d'ailleurs, dans sa cosmogonie, qu'il «échut parfois ainsi en courant, mais le plus souvent tout autrement», et que la plupart des parties des animaux se produisirent par hasard. D'autres <25> font du mouvement spontané la cause aussi bien de cet univers que de tous les univers, car ils soutiennent que le tourbillon et le mouvement qui sépara et qui disposa le tout dans l'ordre actuel se produisirent par le mouvement spontané. Mais ce qui suit peut surprendre davantage encore, car tout en disant que les animaux et les plantes ne <30> sont ni ne deviennent par hasard, leur cause étant la nature, l'intellect ou quelque chose d'autre de ce genre (car la semence de chacun ne produit pas n'importe quoi, mais de celle-ci devient un olivier et de celle-là un homme), ils considèrent néanmoins que le ciel et les plus divins parmi les étants visibles devinrent par le mouvement spontané, aucune de leurs causes <35> n'étant semblable à celles qui régissent les animaux et les plantes. Et certes, s'il en est ainsi, cela est digne d'attention, et on fait bien d'en dire <196b1> quelques mots, car outre le fait que ce qu'on en dit est pour cela même et pour d'autres raisons absurde, il est plus absurde encore d'en parler, puisqu'en observant le ciel on ne voit rien devenir par le mouvement spontané, alors que dans ce qu'ils considèrent comme n'étant pas dû au hasard beaucoup de choses arrivent par hasard. Quoi qu'il en soit, il était plus vraisemblable <5> que le contraire de ce qu'ils disent se produise. Enfin, il semble même à certains qu'étant quelque chose de semblable au divin et de plus surnaturel, le hasard est une cause qui demeure inaccessible à la pensée humaine. <196b7> Pour toutes ces raisons, il convient de réfléchir au sujet de ce que sont chacun d'eux, le mouvement spontané et le hasard, sur le fait également de savoir s'ils sont identiques ou différents et comment ils s'insèrent dans les causes que nous avons circonscrites.

5. <196b10> Ainsi, tout d'abord, puisque nous voyons parmi les choses, les unes devenir toujours de la même façon, les autres fréquem-ment, il est clair que ni le hasard ni ce qui est par hasard ne se disent la cause d'aucune d'entre elles, c'est-à-dire ni de celles qui deviennent par nécessité et toujours, ni de celles qui deviennent fréquemment. Cependant, comme il existe aussi des choses qui deviennent en dehors de celles-ci, et que tout le monde les considère comme étant par <15> hasard, il est clair que le hasard et le mouvement spontané sont quelque chose, car nous savons que les choses de cette sorte sont par

hasard et en même temps que les effets du hasard sont des choses de cette sorte. Or, parmi les choses en devenir, les unes deviennent en vue d'une fin, les autres non ; et parmi celles qui deviennent en vue d'une fin, les unes le deviennent selon un choix, les autres sans choix – et ces deux derniers cas concernent bien les choses qui sont en vue d'une fin. Par suite, il est manifeste que même <20> parmi les choses qui deviennent en dehors de ce qui est nécessaire et de ce qui est fréquemment, il en existe certaines auxquelles peut appartenir ce qui est en vue d'une fin. Sont en vue d'une fin aussi bien celles qui seraient réalisées par la pensée discursive que celles qui adviendraient par la nature. Or, précisément, lorsque des choses de cette sorte arrivent par accident, nous disons qu'elles sont par hasard, car tout comme un étant est en un sens par soi et <25> en un autre sens par accident, il peut en être de même d'une cause : par exemple, dans le cas de la maison, l'art de construire est cause par soi, tandis que le blanc ou le lettré sont causes par accident. Par conséquent, la cause par soi et déterminée, alors que la cause par accident est indéterminée, puisque les accidents qui pourraient arriver à une chose unique sont infinis. Comme nous l'avons donc bien dit, lorsque cela <30> advient dans les choses qui deviennent en vue d'une fin, c'est alors qu'on dit qu'il advient par le mouvement spontané et par hasard. Quant à la différence qui départage ces deux dernières causes, elle sera circonscrite plus

tard. Mais qu'il soit au moins clair dès maintenant que toutes les deux appartiennent aux choses
qui sont en vue d'une fin : ainsi, si quelqu'un avait
su que son débiteur reçoit le montant d'une quête
à tel endroit, il y serait venu en vue d'encaisser
l'argent qui lui est dû ; pourtant, bien qu'il n'y soit
pas venu <35> dans ce but, il est néanmoins venu
par accident et l'a fait en vue de recevoir l'argent ;
et il l'a reçu non pas parce qu'il se rend en ce lieu
<197a1> fréquemment ou par nécessité. Quant au
but, à savoir le recouvrement de la dette, il
n'appartient pas aux causes immanentes, mais à
celles qui relèvent du choix et de la pensée
discursive ; et c'est dans ce cas précisément qu'on
dit que quelqu'un est venu par hasard. En
revanche, s'il est venu à la suite d'un choix et en
vue du recouvrement de la dette, parce qu'en ce
lieu il se rend soit toujours soit fréquemment, <5>
on ne dit pas qu'il est venu par hasard. Dès lors, il
est manifeste que le hasard est une cause par
accident, arrivant aux choses qui, étant en vue
d'une fin, sont conformes à un choix. C'est
pourquoi la pensée discursive et le hasard
concernent la même chose, car le choix n'existe
pas sans pensée discursive.

<197a8> Il est donc nécessaire que soient
indéterminées les causes par lesquelles peut
advenir ce qui est par hasard. C'est en vertu de
cela que le hasard semble appartenir au domaine
de l'indéterminé <10> et être inaccessible à
l'homme, et qu'il est possible que rien ne paraisse

advenir par hasard. Toutes ces affirmations sont correctes, puisqu'il y a de bonnes raisons en leur faveur. En effet, il existe bien quelque chose qui advient par hasard, car il arrive par accident, et c'est le hasard qui en est la cause accidentelle, mais absolument il n'est cause de rien : par exemple, le constructeur est cause de la maison, <15> bien que le joueur de flûte puisse en être la cause par accident; et, par ailleurs, les causes de celui qui n'étant pas venu en un endroit en vue de recouvrer une dette, reçoit néanmoins son argent, peuvent être infinies en nombre, car il aurait pu venir tant pour voir, pour poursuivre, pour accuser quelqu'un que pour assister à un spectacle. Mais dire aussi que le hasard est quelque chose de contraire à la raison est également correct, car la raison concerne soit les choses qui sont toujours, soit celles qui sont fréquemment, alors que le <20> hasard se rencontre dans les choses qui deviennent en dehors de celles-là. Dès lors que les causes qui se comportent de cette façon sont indéterminées, il s'ensuit que le hasard aussi est indéterminé. Seulement, pour certaines choses, on pourrait se demander, si n'importe quelles causes peuvent leur arriver par hasard : par exemple, la cause de la santé serait le souffle chaud ou la chaleur du Soleil plutôt que le fait pour les cheveux d'être coupés, car parmi les causes par accident les unes sont plus proches que <25> les autres. D'autre part, on dit que le hasard est bon lorsqu'il en résulte quelque chose de bien,

mauvais quand il en résulte quelque chose de
mal, et qu'il y a chance et malchance, lorsque le
bien et le mal acquièrent une certaine ampleur ;
c'est pourquoi, lorsqu'on dit qu'il s'en est fallu de
peu qu'on obtienne un grand mal ou un grand
bien, c'est qu'on éprouve de la chance ou de la
malchance, du fait que la pensée discursive les
considère comme s'ils existaient, parce que ce qui
est peu <30> éloigné donne l'impression de ne pas
l'être du tout. De plus, c'est avec raison qu'on dit
que la chance est incertaine, car le hasard est
incertain : aucune des choses qui est par hasard
n'advient comme si elle était toujours ou
fréquemment.

　　Comme nous l'avons dit, tous les deux
donc, aussi bien le hasard que le mouvement
spontané, sont des causes par accident, qui
arrivent dans les choses qui ne sont pas susceptibles de devenir absolument <35> ou fréquemment, et, parmi ces choses, pour toutes celles qui
peuvent devenir en vue d'une fin.

　　6. <197a36> Ils diffèrent néanmoins dans la
mesure où le mouvement spontané est plus
extensif, car tout ce qui est par hasard est par le
mouvement spontané, tandis que celui-ci n'est pas
entièrement <197b1> par hasard. En effet, le
hasard et ce qui est par hasard sont propres à
toutes choses auxquelles appartiendraient la
chance et en général l'action. C'est pourquoi il est
nécessaire que le hasard concerne les choses qui

sont objets de l'action. La preuve en est que la chance paraît bien être la même chose que le bonheur ou du moins quelque chose de proche, <5> et que le bonheur est une certaine action, car c'est une action achevée. De sorte que toutes les choses qui ne sont pas susceptibles d'agir, ne peuvent pas non plus produire quelque chose par hasard. C'est la raison pour laquelle, n'ayant pas l'activité de choisir, aucun étant inanimé, ni aucune bête, ni aucun enfant ne produisent rien par hasard ; ni la chance, ni la malchance ne leur appartiennent davantage, si ce n'est par une ressemblance, comme disait <10> Protarque, pour les pierres dont sont faits les autels, qu'elles ont de la chance parce qu'elles sont honorées, alors que leurs compagnes sont foulées aux pieds. En revanche, il est possible que les choses de cette sorte pâtissent d'une certaine façon par hasard, lorsque l'agent d'une certaine action qui s'y rapporte l'accomplit par hasard, sans quoi cela n'est pas possible. Quant au mouvement spontané, il appartient également aux autres animaux et à beaucoup d'étants inanimés : <15> par exemple, nous disons que le cheval est venu spontanément, lorsque, du fait qu'il soit venu, il a été sauvé, sans qu'il soit venu en vue d'être sauvé, et que le trépied est tombé spontanément, parce qu'il s'est dressé pour servir de siège, alors qu'il n'est pas tombé en vue de servir de siège. De sorte qu'il est clair que lorsque, parmi les choses devenant simplement en vue d'une fin, ce n'est pas en vue de ce qui arrive <20> que sont advenues les choses dont la cause est extérieure, nous disons qu'elles sont advenues par le mouvement spontané ; en revanche, nous parlons de hasard pour celles parmi les choses advenant par le mouvement spontané, qui sont susceptibles d'être choisies par des êtres capables de choisir. Un indice est le vain, qui est dit de ce qui est en vue d'autre chose, lorsqu'il ne s'est pas réalisé en vue de cette fin : par exemple, on marche en vue d'obtenir une évacuation ; or si, ayant marché, cela ne se produit pas, <25> nous disons qu'on a marché en vain et que la marche est vaine, considérant comme étant vain ce qui est par nature en vue d'autre chose, lorsqu'il n'accomplit pas ce en vue de quoi il était et était par nature, puisque celui qui dirait qu'il s'est baigné en vain parce que le soleil ne s'est pas éclipsé, serait ridicule, car cela ne s'est pas fait en vue de ceci. Ainsi, pour s'en tenir à son nom, y a-t-il mouvement spontané <τὸ αὐτόματον> lorsque <30> lui-même <αὐτὸ> advient en vain <μάτην> ; car ce n'est pas en vue de frapper quelqu'un que la pierre tomba ; par conséquent, elle tomba par le mouvement spontané, sans quoi elle serait tombée sous l'action de quelqu'un et en vue de frapper. <32> C'est surtout dans les choses qui deviennent par nature qu'il se distingue de ce qui est par hasard, car lorsqu'il se produit quelque chose contre nature, nous ne disons pas qu'il est advenu par hasard mais plutôt par le mouvement spontané. Cependant, <35> dans ce cas aussi, il y a une différence, car pour celui-ci la cause est extérieure, pour celui-là intérieure.

<198a1> On vient de dire ce que sont le mouvement spontané et le hasard, et en quoi ils diffèrent l'un de l'autre. Quant aux modes de la cause, chacun d'eux appartient aux causes au sens de ce d'où s'amorce l'origine du mouvement, car celles-ci concernent soit les étants qui sont quelque chose par nature soit les choses qui sont par la pensée discursive; seulement leur <5> nombre est indéfini. Cependant, comme le mouvement spontané et le hasard sont causes de choses dont l'intellect ou même la nature pourrait être la cause, lorsqu'il arrive à ces choses mêmes quelque cause par accident, et comme, d'autre part, aucun accident n'est antérieur aux choses qui sont par soi, il est manifeste que la cause par accident n'est pas davantage antérieure à la cause par soi. En conséquence, le mouvement spontané <10> et le hasard sont postérieurs à l'intellect et à la nature. Dès lors, à supposer que le mouvement spontané soit une cause par excellence du ciel, il est nécessaire qu'au préalable l'intellect et la nature soient causes de beaucoup d'autres choses et de cet univers.

7. <198a14> Il est donc manifeste qu'il y a des causes et que leur nombre est tel que nous <15> le disons, car tel est le nombre de causes qui est contenu dans le pourquoi : le pourquoi ultime est ramené soit à l'essence lorsqu'il s'agit des choses

immobiles, (par exemple, dans les mathématiques, le pourquoi est ramené à la définition du
droit ou du commensurable ou de quelque autre
chose ultime), soit à ce qui, le premier, a mû (par
exemple, pourquoi combattirent-ils? Parce qu'on
les <20> pilla), soit à une certaine fin (par exemple, pour gouverner), soit à la matière pour les
choses qui sont en devenir. Il est donc clair que
telles sont les causes et tel est leur nombre.

<198a21> Dans la mesure où les causes sont
au nombre de quatre, le physicien doit les
connaître toutes, et c'est en rapportant le pourquoi
à toutes les quatre qu'il rendra compte d'une manière physique de la matière, de la spécificité, de
ce qui a mû et de ce en vue de quoi. Du reste, dans
plusieurs cas, trois causes sont <25> réductibles à
une, car, d'une part, l'essence et ce en vue de quoi
sont un, et, d'autre part, ce d'où s'amorce initialement le mouvement leur est spécifiquement
identique, puisque c'est un homme qui engendre
un homme, et, en général, les choses qui
meuvent tout en étant mues, tandis que celles qui
ne sont pas mues, ne relèvent pas de la physique,
dans la mesure où elles ne meuvent pas parce
qu'elles possèdent en elles un mouvement ou un
principe de mouvement, mais en tant quelles sont
immobiles. C'est au demeurant la raison pour
laquelle il y a trois <30> sujets d'étude : le premier
concerne ce qui est immobile, le deuxième, ce
qui est est mû mais est impérissable, le troisième
les choses qui sont périssables. Si bien que les

physiciens peuvent rendre compte du pourquoi en le ramenant à la matière, à l'essence et à ce qui a mû initialement, car, c'est principalement de cette manière qu'ils envisagent les causes relatives à la génération : ils se demandent après quoi vient quelque chose, et quelle chose <35> a produit en premier lieu ou quelle chose a pâti, et toujours ainsi ce qui vient à la suite d'une autre. Mais les principes qui meuvent les choses d'une façon naturelle sont doubles, et l'un des deux n'est pas naturel, <198b1> car il n'a pas en lui un principe de mouvement. Tel est un étant s'il meut quelque chose sans être mû, comme c'est le cas de l'étant absolument immobile et de l'étant qui est le premier de tous, ainsi que de l'essence et de la forme, car ils sont fin et <5> ce en vue de quoi. Par suite, comme la nature est en vue d'une fin, les physiciens doivent aussi la connaître <de cette façon> et rendre compte complètement du pourquoi : par exemple, ils rendront compte du fait que de ceci vient nécessairement cela (considérant qu'il y vient soit absolument soit fréquemment), et pour qu'une chose soit, il faut que ceci soit aussi (de la même façon que la conclusion vient des prémisses), et que cela est ce qu'était (et est) être pour elle, et que cela est mieux ainsi, non absolument, mais relativement à l'étance de chaque chose.

8. <198b10> Partant de là, il faut dire d'abord en quoi la nature appartient aux causes en vue

d'une fin, et ensuite, concernant le nécessaire,
comment il se comporte dans les choses naturelles, puisque tous ramènent leurs explications à
cette dernière cause, en considérant que c'est
dans la mesure où le chaud est par nature tel,
ainsi que le froid et chacune des choses <15> de
cette sorte, que les choses sont et deviennent telles
par nécessité. A telle enseigne que même si
certains parlent d'une autre cause, l'un de
l'amour et de la discorde, l'autre de l'intellect, ils
n'en font état que pour aussitôt l'abandonner.
Certes, on peut soulever cette aporie : qu'est-ce qui
empêche la nature de produire non pas en vue
d'une fin ou en fonction du meilleur, mais à la
manière de Zeus qui fait pleuvoir par nécessité et
non pas pour faire croître le blé, car l'eau qui
s'élève en s'évaporant doit se refroidir, et le
produit refroidi <20> doit descendre une fois devenu eau, tandis que la croissance du blé arrive
accidentellement à la suite de ce devenir? D'une
façon semblable, si à cause de ce processus le blé
se détruit sur l'aire, ne dira-t-on pas qu'il arrive à
se détruire par accident et non qu'il a plu en vue
de ceci, c'est-à-dire pour qu'il se détruise? Dès lors,
qu'est-ce qui empêche qu'il en soit ainsi dans la
nature, pour les parties < des étants naturels>, par
exemple, que les dents poussent par nécessité,
celles de devant, aiguës et aptes à couper, et les
<25> molaires, larges et utiles pour broyer la
nourriture, parce qu'elles ne sont pas produites en
vue de cette fin mais se trouvent être telles par

coïncidence? Ne dira-t-on pas la même chose des autres parties, dans tous ces étants où elles semblent exister en vue d'une fin? Il s'ensuit donc que là où toutes les parties des étants naturels se produisirent comme si elles se produisaient en vue d'une fin, <30> ces étants ont survécu parce qu'ils ont été constitués adéquatement par le mouvement spontané ; ceux au contraire qui n'ont pas été constitués de la sorte, périrent et périssent, comme le dit Empédocle des bovins à visages humains.

<198b32> Mais il est impossible que cet argument, qui soulèverait une aporie, et tout autre du même genre, soit valable de cette façon, car <35> ces étants et toutes choses par nature adviennent soit toujours soit fréquemment, alors qu'aucune des choses qui sont par hasard ou par le mouvement spontané ne se produit ainsi. En effet, ce n'est pas par hasard ni par coïncidence qu'il pleut souvent en hiver, bien qu'il en soit ainsi s'il pleut en été ; il en va de même pour la chaleur en été, <199a1> à moins qu'il fasse chaud en hiver. S'il semble bien que ces phénomènes existent soit par coïncidence, soit en vue d'une fin, une fois qu'on reconnaît qu'ils n'existent ni comme s'ils étaient par coïncidence <5> ni par le mouvement spontané, ils ne sauraient être qu'en vue d'une fin. Or s'il est vrai que toutes les choses de cette sorte sont par nature, comme l'admettraient d'ailleurs ceux qui en parlent, on conclura que le fait d'être en vue de quelque chose se rencontre dans les étants

qui deviennent et sont par nature. De plus, dans les choses où il y a quelque fin, ce qui est antérieur et ce qui est consécutif s'accomplissent en vue de cette fin. Par suite, <10> si rien ne l'empêche, chaque chose, en tant qu'elle s'accomplit, est ainsi par nature, et en tant qu'elle est par nature, elle s'accomplit ainsi. Or, elle s'accomplit en vue d'une fin, et, par conséquent, elle est par nature en vue de cette fin : par exemple, si la maison appartenait aux étants qui deviennent par nature, elle serait produite comme elle l'est maintenant sous l'action de l'art ; de même si les étants par nature étaient produits non seulement par nature mais également par art, ils deviendraient de la même façon en tant qu'ils le sont par nature. <15> En conséquence, l'un est en vue de l'autre. Mais d'une manière générale, l'art, en un sens, réalise les choses que la nature est incapable de fabriquer, et, en un autre sens, en imite d'autres. Si donc les choses qui sont produites selon l'art sont en vue de quelque fin, il est manifeste qu'il en est de même pour celles qui deviennent selon la nature, car dans les œuvres accomplies tant selon l'art que selon la nature, il y a une ressemblance dans le rapport qu'entretiennent entre elles les choses postérieures relativement <20> aux choses antérieures. Cela est surtout clair chez les autres animaux, qui n'agissent pas par art, ni ne produisent à la suite d'une recherche ou d'une délibération. D'où certains se posent la question de savoir si c'est par l'intellect ou par quelque autre moyen que travaillent les araignées, les fourmis et les animaux de cette sorte. Or, en progressant un peu de ce côté, il apparaît que dans les plantes aussi les choses utiles contribuent <25> à la réalisation de la fin : par exemple, les feuilles sont produites en vue d'abriter le fruit. De sorte que si c'est par nature et en vue d'une fin que l'hirondelle produit son nid et l'araignée sa toile, et si les plantes produisent les feuilles en vue des fruits et poussent leurs racines vers le haut et non vers le bas en vue de la nourriture, il est clair que cette sorte de cause existe <30> dans les étants qui deviennent et qui sont par nature. De plus, puisque la nature se dit de deux façons, l'une au sens de matière et l'autre au sens de forme, et que celle-ci est fin et que les autres choses sont en vue de la fin, c'est bien celle-ci qui serait la cause qui est en vue d'une fin.

<199a33> D'autre part, la faute se produit également dans les choses qui se forment selon l'art (car il arrive au grammairien de ne pas écrire correctement et au médecin d'avoir administré incorrectement le <35> médicament) ; par suite, il est manifeste qu'elle puisse se produire aussi dans les étants qui sont selon <199b1> la nature. Dès lors, tout comme il existe des œuvres produites selon l'art qui sont accomplies correctement en vue d'une fin, alors même que les œuvres fautives sont entreprises en vue d'une fin mais échouent, de même en serait-il dans les

œuvres de la nature, et les monstres sont dus aux fautes produites lors du devenir en vue d'une fin. <5> Ce serait en conséquence aussi le cas dans la constitution originaire des bovins < d'Empédocle >, si une dégradation principielle s'y est produite qui a rendu impossible l'accomplissement d'un terme et d'une fin, comme cela arrive actuellement < aux monstres > à cause du sperme. De plus, il est nécessaire que le sperme se produise d'abord, et non pas immédiatement les animaux ; et l'expression « il y a d'abord un épanouissement indistinct » se rapporte au sperme. En outre, <10> ce en vue de quoi se trouve également dans les plantes, mais il est articulé d'une façon plus faible. Dès lors, des espèces de vignes à têtes d'olivier se seraient-elles ou non produites dans les plantes, comme dans le cas des bovins à visages humains ? Bien que cela soit absurde, il le faudrait si les choses se passent ainsi dans les animaux. Il faudrait encore que le devenir dans les spermes s'accomplisse n'importe comment. Si bien qu'en général, <15> celui qui parle de cette façon supprime à la fois les étants par nature et la nature, car sont par nature les étants qui, mus d'une façon continue à partir d'une origine qui leur est intrinsèque, arrivent à une certaine fin. Or, à chacune de ces origines correspond une fin qui n'est pas la même pour chacun des étants, et qui n'est pas soumise au hasard ; c'est toujours vers la même fin que porte chaque étant si rien ne l'empêche. Ce en vue de quoi et ce qui est en vue de cette cause peuvent advenir par hasard : <20> par exemple, nous disons que l'étranger est venu par hasard et, après avoir libéré le prisonnier, il est parti, lorsque il a agi ainsi comme s'il était venu dans ce but, bien qu'il ne soit pas venu en vue de cela. Or, cela s'est produit par accident, car le hasard appartient aux causes par accident, comme il a été dit auparavant. Cependant, lorsque cela advient toujours ou fréquemment, <25> il n'est ni un accident ni l'effet du hasard. Et c'est bien ainsi que les choses se passent dans les étants naturels, si rien ne les empêche. Enfin, il est absurde de ne pas croire qu'il y a un devenir en vue d'une fin, si l'on ne voit pas ce qui meut avoir délibéré. Certes, l'art non plus ne délibère pas, et pourtant si l'art de construire des vaisseaux était dans le bois, il produirait d'une façon semblable à la nature ; de sorte <30> que si ce en vue de quoi est effectivement immanent à l'art, il doit l'être également dans la nature. Cela est surtout manifeste dans le cas de celui qui se guérit lui-même, car la nature lui est semblable. Il est donc clair que la nature est une cause, et qu'elle est ainsi une cause au sens de ce en vue de quoi.

9 <199b34> Comment existe ce qui est par nécessité, comme condition <35> ou absolument? Car actuellement, beaucoup pensent que ce qui est par nécessité se trouve <200a1> dans la génération, comme si on jugeait que le mur < de la

cité > advient par nécessité parce que, considérant
que les choses lourdes se portent par nature vers le
bas, les choses légères vers la surface, on déduit
que, d'un côté, les pierres se portent vers le bas
pour former les fondations, et, d'un autre côté, la
.terre se porte vers le haut à cause de sa légèreté, et
le bois <5> surtout à la surface, car il est le plus
léger. Certes, sans ces matériaux le mur ne serait
pas produit; cependant, il n'a été produit par eux
que dans la mesure où ils jouent le rôle de
matière, alors qu'en vérité il a été produit en vue
de mettre à l'abri certaines choses et pour
protéger. D'une façon semblable, toutes les autres
choses, en lesquelles existe ce en vue de quoi, ne
sont pas sans les matériaux qui possèdent la
nature nécessaire; cependant, elles ne sont pas
produites par eux, si ce n'est comme <10> leur
matière, mais sont produites en vue d'une fin :
par exemple, pourquoi la scie est-elle faite ainsi?
Pour être ceci et en vue de cela; or, si elle n'était
pas faite de fer, il serait impossible que ce en vue
de quoi se produise; par conséquent, il est nécessaire qu'elle soit de fer, pour qu'elle puisse être
une scie et qu'elle accomplisse son œuvre. Le
nécessaire donc en est une condition, et non une
fin, car c'est dans la matière qu'est le nécessaire,
tandis que ce en vue de quoi est dans <15> la
raison d'être.

　　D'autre part, le nécessaire est d'une certaine
façon proche dans les étants mathématiques et
dans ceux qui deviennent selon la nature. C'est

en effet parce que la droite est ceci, qu'il est nécessaire que le triangle ait des angles égaux à deux angles droits, et non parce qu'il y a triangle qu'il y a une droite, bien que si le triangle n'était pas, la droite ne serait pas non plus. Dans les choses produites en vue d'une fin, le processus est inverse : <20> si la fin sera ou est, ce qui précède aussi sera ou est, sinon, comme dans le cas des mathématiques, la conclusion n'étant pas le principe ne sera pas non plus, mais, en l'occurrence, le principe c'est la fin, c'est-à-dire ce en vue de quoi, car celle-ci est également un principe, non de l'action mais du raisonnement, alors que dans le cas des mathématiques, il y a un principe du raisonnement, mais il n'y a pas d'actions. De sorte qu'il est nécessaire pour qu'il y ait une maison, <25> que ces choses adviennent ou lui appartiennent ou soient ou, d'une façon générale, qu'il y ait la matière qui est en vue d'une fin, par exemple, dans le cas de la maison, des tuiles et des pierres ; cependant la fin n'est pas tributaire, ni non plus le sera, de ces matériaux, si ce n'est comme matière. Ainsi, d'une façon générale, si ces choses n'existent pas, par exemple s'il n'y a pas de pierres, il n'y aura pas de maison, et s'il n'y a pas de fer, il n'y aura pas non plus de scie, tout comme, en effet, dans le cas précédent, les <30> principes n'existeraient pas, si le triangle n'était pas égal à deux angles droits.

<200a30> Dès lors, il est clair que, dans les étants naturels, le nécessaire est ce qui est dit être

comme la matière et les mouvements qui la
concernent, et que le physicien doit traiter des
deux causes à la fois, mais davantage de la cause
en vue de quelque chose, car c'est celle-ci qui est
cause de la matière, et non pas la matière cause
de la fin. Et la fin est ce en vue de quoi, et le <35>
principe est ce à partir de quoi il y a la définition
et la raison d'être, comme cela se passe dans les
objets de <200b1> l'art : c'est parce que la maison
est telle qu'il faut qu'adviennent et lui appartiennent telles choses par nécessité, et c'est parce
que la santé est telle, qu'il faut qu'adviennent
telles choses par nécessité et lui appartiennent. De
la même façon, si l'homme est ceci, il faut telles
choses, et s'il y a ces choses, il faut telles autres
aussi. Mais, peut-être, le nécessaire est également
dans la <5> raison d'être, car lorsqu'on a défini
l'œuvre de la scie comme étant une division de
telle sorte, celle-ci n'est possible que si la scie
possède des dents de tel type, et celles-ci ne
sauraient exister sans être faites de fer. En effet, il
existe bien dans la raison d'être quelques parties
qui sont comme une matière de la raison d'être.

COMMENTAIRE

CHAPITRE I

<192b8-33> Aristote met d'emblée en rapport les étants naturels et un ensemble d'autres choses en fonction du concept de causalité. Deux questions s'imposent aussitôt: quels sont les étants naturels? Et quel type de causalité doit-on leur attribuer?

La réponse à la première question est donnée par une énumération, où l'on trouve, en plus des quatre éléments traditionnels de la physique ancienne (terre, feu, air et eau), les animaux et leurs parties, ainsi que les plantes. En évitant d'y inclure les étants du monde supralunaire, Aristote se contente, pour l'instant, du devenir et de l'étant naturel qui s'y rapporte. D'où une réponse possible à la seconde question: il s'agit de la causalité propre aux étants naturels, par laquelle ils se distinguent des autres manifestations du devenir, tributaires d'un agent extérieur, notamment l'homme, comme dans le cas de la production et du hasard, mais aussi dans certains étants naturels, régis par le mouvement spontané (auquel il faut inclure la «génération spontanée») (cf. chap. 4-6).

Certes, nous le verrons, les étants naturels aussi en tant qu'ils sont tributaires d'une cause efficiente,

c'est-à-dire d'un moteur qui se meut, supposent une
cause extérieure; mais cette extériorité n'est pas du
même type, car une fois que le principe moteur a
agi, l'étant naturel s'épanouit et agit par lui-même
selon une forme d'autonomie. D'où la définition
selon laquelle chacun des étants naturels possède en
lui-même un principe de mouvement et de stabilité,
et ceci selon trois modalités d'être ou trois des catégories : le lieu qui détermine un mouvement de
translation, la quantité qui définit la croissance et la
décroissance et la qualité qui délimite l'altération
(192 b 13-15). Cette limitation, qui ne tient pas encore
compte de l'épanouissement même de l'étant selon
la première catégorie, l'étance (*ousia*), qui devient
par une génération, peut étonner. En fait, Aristote
diffère cette perspective jusqu'au moment où il
envisage l'étant naturel comme étance (192 b 33).
En revanche, dans cette première partie de son
étude, il circonscrit l'étant naturel dans son aspect
phénoménal, qui le distingue d'autres choses et plus
particulièrement des choses qui nous sont les plus
familières, comme les objets et les processus provenant de la *technè*, dont nous sommes nous-mêmes
les agents. Un lit, un vêtement et tout ce qui est
produit par un art, dit-il, ne possèdent en eux aucun
élan inné au changement. Produit par un agent (un
producteur), le produit s'impose, une fois devenu
une œuvre (ἔργον), comme le siège d'un usage
(χρῆσις). En comparaison, l'étant naturel, même
lorsqu'il est constitué, c'est-à-dire lorsqu'il est né,
peut croître, s'altérer et se mouvoir par sa nature
même. Il convient d'ailleurs de souligner que,
contrairement à la mythologie grecque qui, comme

dans l'exemple de l'atelier d'Héphaistos, envisage la production d'automates perfectionnés, Aristote refuse toute automation technique, même s'il fait allusion, dans sa *Politique* (I, 4, 1253b33-1254a1), à l'éventualité d'un tel phénomène, qui pourrait libérer l'art architectonique des manœuvres et des esclaves (cf. mon étude « Du logos à l'informatique : l'histoire d'une mutation », dans *Penser l'informatique et informatiser la pensée*, pp. 13-42).

On comprend mieux ainsi pourquoi Aristote insiste tant sur cette autonomie de l'étant naturel, qui apparaît comme principe de diverses manifestations, selon divers modes de l'être. Cette intervention des catégories se rencontre également dans ce qu'il dit de l'objet d'art, et des processus qui s'y réfèrent (192 b 16-17). L'intégration de différentes formes de devenir dans l'ordre catégorial, déjà articulé en I, 7, 190 a 31 ss., révèle que le devenir peut être envisagé selon les modes de l'être, et qu'il convient toujours de distinguer entre un devenir absolu, qui est propre à l'étance, et un devenir relatif qui suppose l'étance comme sujet. C'est bien, dans la suite de l'analyse, cette particularité de l'étance, déjà présente dans le livre I, qui réapparaît à nouveau. Aristote y dit que sont étance (*ousia*) tous les étants qui possèdent un tel principe intrinsèque d'épanouissement.

Cela ne l'empêche pas de discerner deux ambiguïtés, l'une du côté de l'objet produit par l'art, qui possède après tout, dans l'ordre de ses matériaux, quelque chose de naturel, l'autre du côté d'autres processus produits par l'art, comme la guérison par le médecin de sa propre maladie, qui intègre

davantage encore quelque chose de naturel dans
l'art. Ces points qu'il rapproche dans son argumentation, nuancent son propos et indiquent qu'en dépit
du fait que ce qui est dû à l'art ne possède pas d'élan
inné, cependant, en tant qu'il lui arrive de posséder
quelque chose de naturel, puisqu'il peut être fait de
pierre ou de terre, etc., ou d'un mélange de certains
d'entre eux, il le possède, mais dans cette mesure
seulement où la nature est quelque principe et une
cause de se mouvoir et se tenir au repos, dans ce
qu'ils appartiennent d'une façon essentielle et non
par accident. Dans le cas de la guérison par l'art
médical, ce processus naturel est néanmoins associé
à un processus accidentel, dans la mesure où c'est
par accident qu'il arrive au médécin de se guérir
lui-même (192 b 19-27). Si, paradoxalement, dans le
cas de l'objet fabriqué, les matériaux sont ainsi
envisagés en soi et, par suite, comme s'ils étaient de
l'ordre de la nature, alors même qu'il leur «arrive
accidentellement» d'être de pierre ou de terre, c'est
parce que Aristote suppose la nécessité d'une
matière déterminée en vertu de laquelle il y a un
produit. Au chapitre 9, il revient à cette question pour
montrer que toute matière n'est pas adéquate pour la
production d'un objet fabriqué, mais elle dépend de
ce qu'on cherche à produire. Cela s'accorde
d'ailleurs à sa conception de la matière, définie au
livre I, comme «le sujet prochain de chaque chose,
à partir duquel devient quelque chose qui lui appartient d'une façon immanente et non accidentellement» (9, 192 a 31-32). La matière est donc
immanente à la chose dont elle est matière, et ceci
d'une façon essentielle et non par accident, et, selon

le chapitre 9, «nécessaire»; de sorte que la matière de l'objet d'art, parce qu'elle lui est unie d'une façon essentielle, confère une forme de naturalité à la chose même. Bref, tout se passe comme si le processus de production était, d'un certain point de vue, naturel. D'où la possibilité d'un rapport étroit entre *physis* et *technè*, au point qu'il est question, par la suite, d'un rapport d'imitation ou d'accomplissement de l'un par l'autre. Cette forme de naturalité, à peine perceptible dans le cas de l'art, qui ne cesse pourtant de se servir de la nature, est plus manifeste dans le cas de la guérison où, sous l'action de l'art médical, le processus s'accomplit d'une façon naturelle. S'il y a accident possible, c'est parce que l'agent en possession de cet art peut se guérir lui-même, bien que le processus de guérison soit naturel et par soi.

Ainsi, Aristote montre que la différence générique entre «nature» et «art» n'implique pas une rupture radicale et irrémédiable, puisque l'art suppose toujours un fondement naturel. Dès lors, ne pourrait-on pas parler également d'étants techniques comme on parle d'étants naturels, comme le laisse entendre le début du livre II, 1? Si je n'ose pas franchir le pas et traiter d'étants au même titre les étants naturels et les productions de l'art, c'est pour rester fidèle à la littéralité du texte, qui évite d'assumer pleinement ce transfert, si ce n'est par analogie.

<192b34-193a4> Si Aristote s'est permis ainsi d'affirmer que tous les étants naturels ont le statut de l'étance, c'est parce qu'il considère que «la nature

est toujours un certain sujet et réside dans un sujet».
Que la nature soit un certain sujet, cela ressort de
l'analogie qu'il établit avec l'art, analogie que je
viens de rappeler, selon laquelle la matière, en tant
que sujet ou substrat de la chose, est essentielle. La
nuance ajoutée par l'expression «un certain» sujet
fait signe vers quelque chose de plus que le sujet:
Aristote rappelle que parmi les principes du devenir,
quels qu'ils soient, il y a également la spécificité
(*eidos*). Ce qu'il ne dit pas encore, bien qu'il le
suppose par sa définition de la matière, c'est qu'il
s'agit du sujet prochain, le plus proche de l'étant
naturel. Cette précision est introduite à partir du
passage 193 a 9, à propos de la conception ionienne
et antiphonienne de la nature, fondée précisément
sur la matière, sans référence à la spécificité de
l'étant naturel. En revanche, le texte en question, par
la seconde précision, qui fait état de l'inhérence de
la nature au sujet («la nature est toujours... dans un
sujet»), révèle le statut même de l'épanouissement
autonome de la nature. C'est bien cette inhérence
qui marque la différence entre sujet (donc substrat
ou matière) naturel et sujet propre à la production de
l'art. Autrement dit, quoiqu'on puisse admettre que
la matière des objets fabriqués se comporte, par son
caractère non accidentel, donc essentiel et nécessaire, comme si elle était nature, ceux-ci n'en de-
meurent pas moins dominés par l'extériorité de
l'activité de l'art, du fait que l'artisan (ou l'artiste) est
présent au cours de la production, alors que l'étant
naturel s'épanouit par son propre épanouissement,
parce que le sujet qui lui est propre est tel que le

principe du mouvement et du changement lui est inhérent, il est *dans* le sujet même.

Pour préciser davantage cette perspective, on peut se référer à l'analyse de la production, du moins telle qu'elle ressort de l'étude du mouvement, au livre III (où le mouvement est envisagé à partir du rapport, par le contact même, entre un moteur qui s'actualise en ce qui meut et un mobile qui s'actualise en ce qui se meut sous l'action même de ce qui meut), mais qui trouve sa formulation la plus explicite dans un passage de *Métaphys.* Δ, 20, 1022 b 5-8, où Aristote dit que «lorsque l'un produit et l'autre se produit, dans leur rapport il y a production». Autrement dit, la production est l'entre-deux, le rapport entre le producteur en tant qu'il produit (l'artisan) et le productible en tant qu'il se produit (par exemple, le bois en vue de produire un lit). Il y a donc production aussi longtemps qu'il y a contact entre celui qui produit et ce qui se produit, la production étant pour ainsi dire le surgissement qui se réalise par la continuité même de ce contact (cf. mon étude «La signification philosophique de la *poièsis* aristotélicienne», *Diotima*, 9, 1981, pp. 94-100). C'est la raison pour laquelle l'automation est impossible chez Aristote, et l'on voit mieux ainsi le sens de l'extériorité de la cause productrice dans l'art, en dépit de la naturalité du sujet (le productible), face à la nature inhérente au sujet, en dépit de l'extériorité de la cause efficiente, puisque, comme le rappelle plusieurs fois Aristote, c'est d'un homme que provient un homme.

L'inhérence du sujet donc est centrale et situe la nature comme principe d'épanouissement au

sein même d'un sujet. En même temps, le sujet au
sens de nature comme matière se laisse déborder
par quelque chose de plus essentiel, la spécificité,
l'*eidos*, qui est en elle. Pourtant, ce n'est pas la
conclusion tirée par Aristote de ces affirmations de
principe, qui supposent déjà un devenir absolu, c'est-
à-dire la génération même de l'étance; il introduit
plutôt un ensemble de données, comme s'il voulait
établir plus essentiellement cette perspective, en
écartant du chemin tous les écueils qui pourraient
faire obstacle à cette perspective, impliquée, dès le
livre I, par son analyse du devenir.

En effet, avant d'éclairer cette nature inhérente
au sujet, il renoue avec son analyse de l'étant
comme siège d'un ensemble de processus (mouvement, croissance, altération), en relevant que ces
étants et tout ce qui leur appartient essentiellement
ne sont pas nature mais sont par nature ou
conformes à la nature, comme par exemple la
translation du feu vers le haut. Cette translation n'est
pas accidentelle, car le feu se meut ainsi par nature
et conformément à la nature. Tout en n'étant pas de
l'ordre de l'essence du feu (donc ce qui le définit), la
translation ne lui est pas moins liée essentiellement,
comme un accident ou attribut essentiel.

Cette sorte de détermination de l'étant, qui n'est
ni de l'ordre de l'essence ni de l'ordre de l'accident,
mais qui se tient dans l'entre-deux, comme un lien
intermédiaire entre l'essence et l'accident – et
qu'Aristote étudie partiellement dans ses *Topiques*,
au cours de l'étude des prédicables, sous la forme du
« propre » de la chose – est fondamental : il constitue
le lieu même de la scientificité de la chose. Toute

proportion gardée, les problématiques du propre, de l'attribut essentiel et de l'accident essentiel (en mettant ici entre parenthèses les éventuelles nuances qui les distinguent) jouent un rôle analogue au jugement synthétique *a priori* chez Kant, qui se tient entre jugements analytique et synthétique, véhiculant un type de scientificité qui est propre aux jugements. Dans le chapitre 2, pour établir l'objet propre de la science physique, Aristote donne d'autres exemples, appartenant aux mathématiques.

Tous ces éléments montrent que le chemin de la clarification de la nature n'est pas indépendant du chemin de l'instauration de la scientificité de la physique.

<193a4-9> Il ne suffit pas de faire état de la scientificité d'un savoir, il faut que son objet existe et ait un sens. Or, depuis les Eléates, la philosophie grecque s'est interrogée sur la possibilité du mouvement, allant jusqu'à nier tantôt son existence et tantôt l'existence même des étants naturels. Du reste, la mise en forme depuis Parménide d'une physique du mélange n'est pas étrangère à cette thématique et, par elle, au refus de la *physis* comme principe d'épanouissement. Aristote devait donc prendre position dans ce débat, et montrer que l'objet de la science physique ne soulève aucune difficulté, puisqu'on peut observer «un grand nombre d'étants de cette sorte». Cela lui paraît si évident, qu'il considère que tout refus de l'existence d'étants naturels en mouvement équivaut à chercher ce qui est obscur au détriment de ce qui est clair, à être même incapable

de les discerner et les juger, et, tout comme
l'aveugle-né qui n'a jamais observé les couleurs en
parle néanmoins sans jamais les penser, à ne faire
que discourir sur des mots, sans penser ce à quoi les
mots se réfèrent. Cette déficience peut avoir des conséquences néfastes : elle appartient à toute philosophie et à toute science qui s'autorisent à parler de
réalités qui ne sont pas objet d'observation (ou,
comme on dirait aussi aujourd'hui, d'expérimen-
tation), édifiant des théories – comme je l'ai rappelé
dans l'Introduction en me référant à la critique
adressée par Aristote aux platoniciens dans son traité
Du ciel III, 7, 306 a 8-17 – qui n'ont pas d'autre valeur
que celle du discours, sans possibilité d'une pensée,
car celle-ci exige, selon Aristote, une intelligibilité à
travers même ce qui est observé. En somme,
observer l'existence d'étants naturels n'est que le
point de départ pour édifier une pensée, c'est-à-dire
une intelligibilité qui puisse conduire à l'établissement de leur scientificité. Or, quels sont les
principes de la nature qui confèrent son statut à la
physique ? Voilà la question à laquelle cherche à
répondre Aristote, en engageant son étude de la
nature dans le sillage de celle des anciens.

<193a9-b6> Pour les anciens physiciens, aux-
quels est associé ici le sophiste Antiphon, la nature
et l'étance des étants naturels est un fond premier
qui, en soi sans ordonnance, appartient à chaque
chose d'une façon immanente, et subsiste en
subissant sans cesse des processus, qui confèrent aux
choses des propriétés appartenant tantôt à une
disposition conventionnelle et tantôt à un art. Ce

fond premier est comparable à la matière selon Aristote, c'est-à-dire au sujet prochain, le plus proche de la chose, puisqu'il est considéré, d'une part, comme étant le bois pour le lit ou l'airain pour la statue et, d'autre part, comme rapporté à son tour à un fond plus essentiel, l'eau pour l'airain ou l'or, la terre pour les os et le bois, définissant ainsi ce qui constitue en propre l'étance, les autres manifestations n'étant que leurs propriétés, les états qu'ils acquièrent et leurs dispositions naturelles. C'est cela qui expliquerait la pensée des premiers physiciens, qui situent comme fondement de toutes choses, comme «nature», les quatre éléments, soit unitairement, soit en les regroupant selon un nombre déterminé. Certes, comme l'aurait observé Antiphon, ce qui est pertinent dans ce point de vue, qui identifie la matière avec l'étance, c'est le fait que tout objet fabriqué comporte comme fond subsistant et permanent seulement sa matière, puisque si on enfouissait un lit dans la terre et que la moisissure pouvait acquérir suffisamment de puissance pour faire pousser un bourgeon, ce n'est pas bien sûr un lit qui s'épanouirait mais du bois. La nature proprement dite ne serait dès lors que la matière, qui s'identifierait pleinement à l'étance, le lit et autres objets de cette sorte n'étant que des accidents.

Pour Aristote, ce point de vue est insuffisant, la matière ne pouvant représenter à elle seule la nature. Pourquoi? Parce que loin de constituer une sorte d'accident de la matière, l'objet d'art n'est tel qu'en vertu de ce que l'art s'est imposé comme fin, *spécifiant* une matière donnée, en la soumettant ainsi à la *spécificité* requise par la réalisation de la fin. Cela signifie que la matière (bois) qui est en puissance un lit, n'a rien en elle de conforme à l'art *aussi longtemps* qu'elle n'est pas soumise à la spécificité du lit, telle que celle-ci est établie par l'art. C'est alors seulement qu'un art peut se dire de ce qui est conforme à l'art et de ce qui est technique : le lit, parce qu'il est produit conformément à l'art et, de ce fait, est un objet technique, peut être rapporté à l'art en tant que celui-ci en est la condition de production, son principe.

Si l'on prolonge ce point en fonction du parallélisme principiel entre physique et art que nous venons de relever, on constate que l'usage du lit, parce qu'il est tributaire de l'art dans sa conception, permet de juger l'accord entre le lit et l'art qui en est la condition principielle. Cet accord est envisagé, dans l'*Eth. à Nicom.* VI, 4-5, comme constituant la « vérité » de l'art, an tant que celui-ci est « une disposition susceptible de produire avec une raison vraie » (1040a10) et, dans *Métaph.* Z, 7, comme le principe même de la production. S'il est question ici d'une vérité, il ne s'agit pas de l'adéquation de la pensée à la chose – comme le requiert la conception classique de la vérité, partiellement fondée par Aristote lui-même en *Métaph.* E et Θ –, mais, à l'inverse, de la chose à la pensée propre à l'art. Ce type de vérité dévoile la chose à partir de principes préalables, qui en sont les conditions, et qui, en l'occurrence, sont des conditions prescrites par le savoir poïétique. A ce titre, ce n'est pas le sujet, la matière du lit (le bois) qui la constitue vraiment, mais la spécificité telle qu'elle a été conçue par l'art, et qui en dévoile l'essence, la matière elle-même étant conditionnée par cette spécificité même (cf. chapitre 9). En *Métaph.* Z, 17 Aristote considère même que la recherche de l'étance d'un étant doit commencer par une interrogation concernant la matière, en se posant la question : pourquoi ces matériaux sont une maison? Parce qu'il leur appartient ce qui était (dès l'origine) être une maison (ὅ ἦν οἰκίᾳ εἶναι), et cela constitue la spécificité (εἶδος) de la maison (1041 b 2-9), et la fait être actuellement. D'où la traduction que j'ai proposée pour τὸ τί ἦν εἶναι par « ce qu'était (et est) être pour une chose ».

C'est, d'une façon plus précise encore, la spécificité de la maison ou du lit *en tant qu'elle est conforme* à sa raison d'être (le fait que la maison sert d'abri ou le lit à dormir), qui assure à la maison ou au lit leur caractère technique, et leur confère telle « forme » (*morphè*) déterminée. Par suite, la *forme* est l'aspect phénoménal de la maison ou du lit, telle qu'elle s'est manifestée par la transmission de leur *eidos* respectif au fil d'une ordonnance régie par la raison d'être de la chose. C'est cette transmission qui confère la *spécificité* de la chose. Cela indique que la traduction la plus adéquate pour rendre εἶδος est bien « spécificité ». En ce sens, on ne peut confondre, comme on le fait d'habitude la « spécificité » d'une chose et sa « forme ». Aristote parle ici, dans la *Physique*, de « la forme et de la spécificité qui est conforme à la raison d'être » (ἡ μορφὴ καὶ τὸ εἶδος τὸ κατὰ τὸν λόγον). L'expression n'est pas claire, et l'on comprend que la plupart des interprètes traduisent « logos » par « parole » ou « définition ». S'il est vrai que l'*eidos* peut être porté à la définition, et, de

surcroît, n'est séparable que par la raison, comme
cela ressort de la suite de l'exposé (193 b 2 et b 5), une
telle traduction est insuffisante ou, du moins, n'est
valable que pour l'art, où la définition dépend de la
finalité de la chose, perceptible du seul fait que
l'objet fabriqué est une création humaine. Il en va
tout autrement de la nature. Dès lors comment
comprendre ce terme, commun pour les œuvres de
l'art et les étants naturels?

Comme je l'ai en effet montré ailleurs («Transfigurations du logos», *Annales de l'Institut de Philosophie* de l'U.L.B., 1984), plusieurs textes d'Aristote
confirment l'existence d'un «logos» comme «ras-
semblement», «raison d'être», etc., attestant ainsi
une certaine objectivation de l'analyse. Dans le
traité *Des parties des animaux* I, 1, 640 a 31-32, Aristote
dit que l'art est la raison d'être (*logos*) de l'œuvre produite, sans sa matière. Peu avant, en 639 b 11-19, il
justifie la primauté de la cause finale sur la cause
efficiente, en indiquant que la raison d'être (*logos*)
est «ce en vue de quoi» et elle est «principe d'une
façon semblable dans les choses qui sont conformes
à l'art et dans les étants constitués par nature, car
c'est après avoir défini, par la pensée discursive ou
par l'observation sensitive, le médecin la santé, le
constructeur la maison, qu'ils rendent compte des
raisons et des causes de tout ce qu'ils accomplissent
en vue de la réalisation de chacune d'entre elles, et
expliquent pourquoi ils agissent de cette façon».
Autrement dit, lorsqu'il est question de «logos»,
Aristote entend beaucoup plus qu'une simple
définition. Si nous ressentons quelque difficulté
dans la lecture de son texte, c'est parce que son

analyse se contente d'exemples familiers provenant de l'art, et dissimule le caractère plus complexe de la nature. Mais le contexte de son exposé et plus généralement de sa pensée éclairent son propos.

Commençons par le cas de l'art, où il établit à la fois les conditions de la conception de l'objet et celles de sa réalisation, c'est-à-dire de la rationalité propre au processus de production de la «forme» phénoménale de la chose (cf. *Métaph.*. Z, 7, 1032 b 1 ss.). De ce point de vue, l'*eidos* transmis n'est transmissible que parce qu'il s'accorde à un processus dominé par ce *logos*. Nous verrons plus loin que c'est là la raison pour laquelle la specificité s'accorde surtout à la cause formelle et la forme à la cause finale. Cela suffit à faire voir que lorsqu'il est question de «forme» il faut éviter toute confusion avec la «figure» ou la «configuration» d'une chose, qui appartiennent non pas à l'étance mais à des modes d'être seconds, comme la qualité ou la quantité, même s'il est vrai qu'une confusion entre forme et configuration est acceptable dans le cas de l'art, du fait qu'un objet d'art n'est jamais compris, par Aristote, comme constitutant une étance authentique, si ce n'est par analogie. C'est dans cet approfondissement, que prend tout son sens l'analyse de la nature.

En effet, selon un autre passage du traité *Des parties des animaux* (640 b 22 ss.), lorsqu'on parle d'un lit ou d'un objet de cette sorte, il convient de déterminer la spécificité et non seulement la matière, car un lit est telle chose en telle matière ou telle chose avec tel ou tel caractère, de sorte qu'on pourrait aussi parler de sa configuration (σχῆμα) et dire quel est son aspect (ἰδέα), puisque la nature selon la forme (κατὰ τὴν μορφήν) a une préséance par rapport à la nature matérielle. Cependant, ajoute Aristote, si chacun des animaux et chacune de leurs parties consistaient dans leur configuration et dans leur couleur, Démocrite aurait raison de situer le réel dans la nature des atomes et les qualités dans l'ordre de l'apparence et du conventionnel, puisqu'on voit sans peine la « forme » extérieure de l'homme et on l'identifie généralement à la configuration et à la couleur extérieure. Or, s'il en était ainsi, un cadavre humain, qui présente les mêmes caractéristiques, serait identique à l'homme, alors qu'en réalité il est homme par homonymie (c'est-à-dire homme par le nom), tout comme peut être qualifié d'homme par homonymie le dessin d'un homme, de main une main faite de bronze ou de bois, bien que toutes ces choses soient incapables d'accomplir leur fonction propre, pas plus qu'un flûte de pierre ou un médecin dessiné ne pourront remplir la leur. Bref, la « forme » est plus que la « configuration » et suppose la raison d'être de la chose, ce en vue de quoi elle est telle. C'est bien là le sens de la formule d'Aristote : « la forme et la spécificité qui est conforme à la raison d'être » (ἡ μορφὴ καὶ τὸ εἶδος τὸ κατὰ τὸν λόγον).

Le critère donc qui permet d'aller au-delà de la position ionienne, qui situait l'étance dans l'ordre de la matière, le reste étant de l'ordre des figures et des affections des choses, est, en fin de compte, la différenciation non plus seulement entre l'art et la nature, mais également à l'intérieur de la nature, en fonction de la vie, entre étants animés et inanimés. Par là même la physique conduit à la problématique de l'âme – l'âme étant définie par Aristote, dans son traité *De l'âme* II, 1, 412 a 19-20, comme « l'étance au sens de la spécificité d'un corps naturel possédant la vie en puissance ».

En somme, on peut dire que l'élucidation de l'objet fabriqué sert à éclairer l'étant naturel, en dépit des difficultés rencontrées par Aristote dans le transfert à la nature de ce qui vient d'être dit de l'art. L'art, qui au départ n'a chez lui qu'un rôle différenciateur, rendant possible, par sa différence même, le caractère propre de l'étant naturel, devient désormais une condition méthodologique d'élucidation de la nature. C'est, je l'ai dit, parce qu'il est plus familier à l'homme, en tant qu'il est sa propre création, que l'art éclaire par analogie la nature, autorisant Aristote à dire que « de même qu'un art se dit de ce qui est conforme à l'art et de ce qui est technique, de même la nature se dit de ce qui est conforme à la nature et de ce qui est naturel » ; mieux, « comme dans le cas de l'art, nous ne dirions pas de ce qui est seulement en puissance un lit qu'il a quoi que ce soit de conforme à l'art avant qu'il ne possède de quelque manière la spécificité du lit, ni qu'il est un art, de même, pour les choses qui se constituent par nature, nous ne dirions rien de pareil, car la chair ou l'os en puissance non seulement n'ont pas de quelque manière leur nature propre avant qu'ils aient acquis la spécificité qui est conforme à leur raison d'être, spécificité par laquelle, en définissant, nous disons ce qu'est la chair ou l'os, mais encore, ils ne sont pas non plus par nature » (193 a 31-b3).

En d'autres termes, l'analogie avec l'art, permet d'établir que tout étant naturel et ses parties (en

l'occurrence, la chair et l'os appartiennent aux
homéomères), sont tels qu'ils sont, c'est-à-dire conformes à la nature, seulement lorsque leur spécificité qui est conforme à leur raison d'être (τὸ εἶδος
τὸ κατὰ τὸν λόγον) est vraiment acquise. Ainsi se
joue, dans l'ordre de la spécificité et non dans celui
de la matière, l'épanouissement de l'étant naturel,
tout comme la production d'une maison ou d'un lit
suppose la spécificité conforme à l'art. On comprend
par là plus aisément que lorsqu'il pose la question de
savoir pourquoi ces matériaux sont une maison,
Aristote répond : parce qu'il leur appartient ce qui
dès l'origine *était* être pour une maison, et cela n'est
autre que son *eidos*. Cette temporalisation, qui situe
deux étapes possibles dans l'acquisition ou la transmission de l'*eidos*, montre que l'expression *kata ton
logon*, que j'ai traduite par raison d'être, marque la
présence d'un processus ordonné, voire rationnel
dans le devenir naturel, qui est analogue à celui que
l'on trouve dans la réalisation d'un produit fabriqué
à partir de l'art. C'est pourquoi, lorsqu'il dit, dans le
traité *Des parties des Animaux* I, 1, 640 a 31-b4, que j'ai
rappelé ci-dessus, que l'art est « la raison d'être de
l'œuvre sans la matière », Aristote passe immédiatement à la nature et insiste sur le fait que c'est parce
que cela était être pour l'homme (ἦν τὸ ἀνθρώπῳ
εἶναι), dans la mesure où l'homme ne saurait être
sans ces parties (cf. aussi *Métaph.* Z, 17, 1041 b 6-8).
Pour préciser que toutes ces choses se suivent, il
ajoute : « c'est parce que l'homme est de cette sorte
que sa genèse advient de telle façon et qu'il est
nécessaire qu'elle arrive ainsi ; c'est pourquoi telle
partie se constitue la première, et ensuite telle autre.

Et c'est d'une façon semblable que les choses se passent dans les étants constitués par nature ».

Dès lors, il n'est pas étonnant de rencontrer, sous sa plume, en *Métaph.* Z, 10, 1035 b 25-27, l'idée que le « logos » et l'étance sont dans le cœur ou le cerveau, qui se forme le premier dans l'animal. L'affirmation selon laquelle « la nature est toujours un certain sujet et se trouve *dans* un sujet » (192 b 34) trouve ainsi une clarification ultime : grâce à la notion de « raison d'être » qui déploie d'une façon ordonnée la spécificité de l'étant naturel, en l'occurrence de l'homme, se trace le chemin de tout ce qui contribue à sa réalisation comme forme phénoménale *parce que*, dès l'origine, l'être de l'homme était tel (ἦν τὸ ἀνϑρώπῳ εἶναι), et étant tel, le reste *s'épanouit* comme il se doit.

Par là se confirme également le sens que j'ai donné à l'expression τὸ τί ἦν εἶναι, au détriment du sens habituel de quiddité. Cette formule atteste l'essence de l'étant dans son être même ou, comme ici, dans ce qui *était* (dès l'origine) être pour l'étant qui s'épanouit ou devient par nature, et qui de ce fait même *est* actuellement son être même. Notons que dans ce chapitre 1 du livre II, il n'est nulle part question de cette formule τὸ τί ἦν εἶναι, qu'on retrouve dans de nombreux textes d'Aristote; celui-ci l'utilise néanmoins au chapitre 3 (194 b 27), lors de l'étude des quatre causes, en la rapprochant de la spécificité, de l'*eidos*. Ainsi, pour revenir à la question précédente, pourquoi tels matériaux sont une maison, on répondra, d'une façon plus littérale, parce que c'est cela qui « était (et est) être pour une maison ». De même, pour reprendre l'exemple de

l'homme, qu'on retrouve dans ce chapitre 1, on
pourrait l'articuler de la façon suivante : pourquoi cet
homme a telle forme et possède telles parties
(anhoméomères et homéomères) ? Parce que c'est
cela qui était (et est) être pour l'homme, c'est-à-dire
dès sa conception. Autrement dit, la spécificité
(*eidos*) de l'homme constitue l'être de l'homme et se
manifeste par une forme (*morphè*) parce qu'il y a
formation – processus et cheminement ordonné –
conforme à la *raison* de cette ordonnance, qui
rassemble toutes les parties selon un ordre prédéter-
miné.

<193b6-18> Il ne fait ainsi plus de doute que la
forme est davantage nature que la matière, puisque
c'est seulement lorsqu'il réalise sa forme qu'un étant
naturel est dit être ce qu'il est. La forme se lie
d'emblée à la fin (*telos*) de l'étant, elle est l'étant en
possession de sa propre fin, c'est-à-dire l'étant en
entéléchie (193 b 6-7). Il convient néanmoins de
remarquer qu'en dépit de ce que la concision ici de
l'analyse d'Aristote pourrait faire croire, cette fin,
traduite par la forme et l'entéléchie, n'est pas définitive, elle est, au contraire, origine et principe
d'activité, tout comme la réalisation d'une œuvre
artisanale n'est que l'origine de son usage. C'est
pourquoi Aristote, dans son traité *De l'âme*, distingue,
pour l'âme, entéléchie première (l'âme constituée,
mais en puissance) et entéléchie seconde (l'âme
accomplissant ses activités), la première étant comparable à la possession de la science, la seconde à
son exercice. D'où une nouvelle définition de l'âme,
non plus comme *eidos*, mais comme « entéléchie

première d'un corps naturel possédant la vie en puissance » (II, 1, 412a27-28). Ces différents éclaircissements suffisent à montrer l'ampleur de la problématique aristotélicienne de la nature, une fois qu'elle concerne l'étance de l'étant naturel.

Dès lors, si la forme est ainsi la nature par excellence, la venue à l'être de l'étance même (par exemple de l'homme), c'est-à-dire de la nature qui se dit au sens d'une *génésis*, d'une génération, est bien « un chemin qui conduit à une nature » (193 b 12-13). Ainsi comprise, dans sa radicalité même, comme venue à l'être et engendrement pour ainsi dire absolu (et non plus seulement comme principe de mouvement, de croissance et d'altération), la nature se comporte à l'égard d'elle-même dans sa duplicité, comme matière et forme, et selon le mode même de l'épanouissement, car « ce qui s'épanouit à partir de quelque chose va vers quelque chose en tant qu'il s'épanouit » (τὸ φυόμενον ἐκ τίνος εἰς τὶ ἔρχεται ᾗ φύεται) (193b16-17). Deux éléments dans ce texte demandent une explication : le caractère dynamique que recèle cette formulation de la nature et la finalité qu'elle manifeste. Ces deux éléments sont d'ailleurs complémentaires et peuvent être associés.

En tenant compte du passage II, 1, 192 b 18-19 qui précède, on pourrait interpréter cet épanouissement à partir de l'« élan » (ὁρμή), envisagé ici comme inné (ἔμφυτον). L'expression « élan », qu'on trouve dans d'autres textes d'Aristote (cf. *Eth. Eud.* II, 8, 1224a18 ss.), et qui sera thématisée par les stoïciens, pose la question de l'anthropomorphisme éventuel de la pensée d'Aristote, qu'on décèle dans l'usage d'autres expressions, comme par exemple le

« désir ». Nous verrons, lorsque nous traiterons de la finalité, que cet anthropomorphisme est fort limité. Ici contentons-nous du rapprochement exceptionnel de la nature et de l'élan, en indiquant qu'il ne supplante jamais le caractère d'épanouissement de l'étant naturel. S'il y a en fait référence à un élan inné, c'est parce qu'il y a toujours chez Aristote une cause efficiente, qui met en branle un mouvement. C'est cette perspective qui conduit à une clarification de ce mouvement par l'élan, bien que l'élan suppose une étance antérieure. Ces observations nous permettent d'avancer d'autres conditions pour délimiter la nature.

En effet, ce qui s'épanouit de la sorte, s'épanouit vers ce qu'il devient, c'est-à-dire vers sa fin et sa forme. Mais si cet épanouissement est tel, c'est parce qu'il provient de quelque chose qui lui est – pour reprendre l'expression de *Métaph.* Z, 7, 1032 a 24) – d'une nature spécifiquement semblable (ὁμοειδής). Nous discernons par là une différence essentielle entre nature et art, car un homme vient bien d'un homme, mais pas un lit d'un lit, qui provient plutôt de l'art. C'est dans cette mesure aussi qu'en tant qu'elle provient de l'art médical, la guérison conduit à la santé, bien qu'elle constitue un processus naturel. Ces précisions montrent que la matière, la spécificité et la forme (donc aussi la fin qui lui est associée) ne suffisent pas à délimiter l'étant naturel et à épuiser ses conditions à la fois de réalisation et d'explication. Une nouvelle condition est requise, à savoir la cause efficiente, traitée surtout à partir du chapitre 3.

Je crois que le meilleur résumé que je puisse
proposer de mon commentaire jusqu'ici, se trouve
chez Aristote lui-même, dans un long passage du
traité *Des parties des animaux* (II, 1, 646 a 30b10) : « tout
ce qui devient produit sa propre génération à partir
de quelque chose pour aller vers quelque chose, et
elle la produit en partant d'un principe pour faire
apparaître un principe, c'est-à-dire en partant du
premier mouvement possédant déjà quelque nature
pour faire apparaître une forme ou une autre fin de
cette sorte, car l'homme engendre un homme et
une plante une plante à partir de la matière qui gît
en chaque chose. Ainsi donc au point de vue chro-
nologique, il est nécessaire que la matière et la
génération soient antérieures, mais au point de vue
de la raison d'être c'est l'étance et la forme de
chaque chose. Cela est manifeste si l'on porte au discours la raison d'être de la génération, car la raison
d'être de la construction possède la raison d'être de
la maison, alors que la raison d'être de la maison ne
possède pas la raison d'être de la construction. Et il
en va de même pour les autres cas. De sorte qu'il est
nécessaire que la matière des éléments soit en vue
des homéomères, car dans l'ordre de la génération
les homéomères sont postérieurs aux éléments, et
les anhoméomères sont postérieurs à ceux-ci, car les
anhoméomères possèdent déjà la fin et le terme, vu
qu'ils se constituent en troisième lieu, comme c'est
le cas pour beaucoup de générations qui s'achè-
vent ». Le texte est éloquent et révèle que ce traité est
un bon complément à la *Physique*.

<193b18-21> Aussi court soit-il, ce passage, par lequel s'achève ce chapitre, est essentiel, ne serait-ce que parce que la privation constitue, à côté de la matière et de la spécificité, le troisième principe du devenir, comme le rappelle encore Aristote, au sommet de sa pensée, dans *Métaph.* Λ, 2. Pourtant, dans la pratique, il ne fait pas toujours de la privation l'usage qu'on pourrait s'attendre, au point qu'en *Métaph.* Z, 8, 1033 a 24 ss., lorsqu'il envisage ce qui devient comme devenant «à partir de quelque chose», il suppose que ce n'est pas la privation mais la matière, car «il a été déjà circonscrit de quelle façon nous parlons de cela». Il se réfère probablement aux livres I et V de la *Physique,* où cette question est traitée plus longuement (cf. mon livre *L'avènement de la science...,* chap. III et VI), et d'où il ressort que la privation ne peut pas être confondue avec la matière, mais doit être rapportée à la spécificité de la chose comme son absence; elle est même responsable de la désarticulation ontologique du sujet, qui devient, une fois pris dans un processus de devenir (par exemple le bois pour produire un lit), le substrat même du devenir, soumettant aussitôt sa propre spécificité à la spécificité de ce en vue de quoi il y a devenir (le lit). Mais dans la mesure où il y a devenir, le sujet en question ne possède de ce qui doit advenir (le lit) qu'une forme absente, c'est-à-dire une privation. C'est à ce titre qu'il est écrit, en 193 b 18-21, que la nature et la forme se disent de deux façons, car «la privation aussi est d'une certaine façon une spécificité», et que la question de savoir si la privation est un contraire pour le devenir absolu sera étudiée plus tard — à savoir au livre V, où

Aristote distingue génération absolue et différents types de mouvement. Cela signifie que la forme se dit aussi bien selon sa présence que selon son absence, puisqu'il s'agit dans les deux cas de la même chose, en tant qu'il y a une chose qui se détermine non pas selon sa matière mais selon sa spécificité. S'il y avait encore un seul doute concernant la nécessité de distinguer *morphè* et *eidos* chez Aristote, le rapport entre privation et spécificité la prouve définitivement, car selon ce rapport une chose peut avoir sa spécificité propre et définitive, même si elle n'a pas encore de forme définitive, comme par exemple les embryons semblables de différents animaux, dont l'absence de forme différenciante ne nous empêche pas de les distinguer par leur spécificité même. Pour rendre plus clair le sens de ce qui est dit ici, voici un autre exemple : la rose d'un rosier manifeste l'accomplissement de l'épanouissement du rosier, donc son entéléchie et sa forme ; or, aussi longtemps qu'il n'y a pas de rose, rien ne nous empêche d'envisager le rosier comme producteur de rose. On peut alors parler de privation, et constater que si l'on peut reconnaître le rosier, c'est parce que nous pensons, grâce à l'*eidos*, sa spécificité, bien que nous ne voyons aucune rose. Si maintenant on se réfère au devenir permanent de la nature et au fait que les étants naturels sont périodiquement dans leur entéléchie, on aperçoit sans peine l'importance de cette notion de privation. L'aristotélisme, même dans ce qu'il aborde discrètement, cèle en lui des chemins de recherche auxquels nous n'avons pas encore eu accès.

CHAPITRE 2

<193b22-194a12> et <194b9-15> Dès le début du chapitre 2, Aristote change de cap: il passe de l'étude des différents sens du terme «nature» à celle du statut de la physique face aux mathématiques (en particulier à la géométrie), donc aussi aux rôles respectifs du mathématicien et du physicien.

Ce déplacement d'objectif n'est pas fortuit, dans la mesure où les mathématiques étaient à l'époque la seule science vraiment constituée, au point d'imprégner, dans le sillage du pythagorisme, les adeptes de l'Académie de Platon, dont Aristote a fait partie jusqu'à une certaine époque. Dans ce contexte, les raisons de l'intérêt d'une comparaison entre la physique nouvelle et les mathématiques déjà anciennes sont les suivantes: d'abord, il était normal que la prétention d'Aristote d'édifier une science de la nature se mesure à la seule science valable ; ensuite, il convenait de prendre ses distances à l'égard de certains platoniciens qui ne cessaient d'identifier mathématiques et métaphysique au détriment de toute science de la nature, au point de défendre l'existence d'Idées (ou Idées-nombre) des étants naturels, avec toutes les conséquences logiques que cela pouvait entraîner (comme par exemple l'argument du troisième hommes et autres paradoxes du même type). Cela ressort d'ailleurs de l'analyse d'Aristote dans ce chapitre, même s'il passe très vite sur sa critique des Idées (qu'on peut trouver dans *Métaph.* A, M et N), en reprochant aux platoniciens d'avoir considéré comme séparables non seulement les étants mathématiques, ce qui est légitime, mais également les étants naturels, qu'ils convertissent arbitrairement en Idées transcendantes. Ils auraient probablement discerné leur erreur s'ils avaient mieux défini la différence entre les étants par soi (τὰ καϑ' αὑτὰ ὄντα) et les étants par accident (τὰ κατὰ συμβεβηκότα). Bref, pour avoir envisagé le «monde des Idées» d'une façon univoque et symétrique, où chaque entité est considérée d'emblée comme une «essence» (οὐσία au sens platonicien), les platoniciens se sont fourvoyés à la fois dans le domaine physique et dans l'ordre logique : ils auraient dû discerner que seuls les étants distincts, parmi lesquels figurent les quatre éléments, les plantes, les animaux et leurs parties, les astres (divins), peuvent prétendre constituer des étants qui sont par soi, et donc des *étances* (οὐσίαι), les autres modalités d'être étant avant tout des étants par accidents.

En s'écartant ainsi du platonisme, Aristote peut étudier, grâce à cette différence entre étant par soi et étant par accident, d'une part, des réalités distinctes et donc *séparées* entre elles (et non plus séparées au sens de transcendance) et, d'autre part, des réalités *séparées* seulement par abstraction (donc séparables). Le terme grec χωριστός qu'il utilise, et qui signifie à la fois «séparé» et «séparable», joue sur l'ambiguïté. Il n'empêche que cette distinction entre étant par soi et étant par accident n'est pas toujours aussi tranchée qu'elle apparaît à première vue. D'abord, parce que nous avons vu (cf. chapitre 1) qu'Aristote fait également état d'«accidents essentiels», d'«attributs essentiels» et de «propres», grâce auxquels il y a scientificité des énoncés; ensuite, parce qu'il distingue entre une *étance première* et une *étance seconde*, cette dernière pouvant être attribuée à des étants autres que ceux qui appartiennent à la catégorie première (à l'étance proprement dite), comme par exemple aux étants mathématiques. Cet élargissement de la notion d'étance au-delà de son lieu propre, rend possible une application d'énoncés scientifiques sur le plan des mathématiques, les étants mathématiques étant traités comme s'ils étaient des étances, alors qu'ils ne sont que des abstractions appartenant à la catégorie de la quantité. Ces précisions laissent percevoir une distinction possible entre la physique (qui étudie l'étance première et ses attributs essentiels, donc une étance corporelle) et les mathématiques (qui étudient des entités abstraites, pouvant être envisagées comme des étances secondes, et ses attributs essentiels, donc une étance sans sa matière).

Aristote commence par relever que la différence entre le mathématicien et le physicien réside moins dans l'objet d'étude que dans la façon de l'aborder : tandis que le mathématicien étudie les corps en faisant abstraction de leur corporéité, pour ne tenir compte que de leurs aspects quantifiables, comme par exemple les longueurs, les surfaces et les volumes, qu'il sépare de la matière et du mouvement, le physicien les envisage en eux-mêmes, dans leur corporéité même et relativement à leur genèse ou à leur mouvement. C'est ainsi que, pour reprendre l'exemple utilisé par Aristote, un nez camus, sera étudié par le mathématicien selon la notion de courbure ou de concavité et par le

physicien selon un propre, une propriété essentielle
(la camusité), intégrée dans une matière (la chair),
qui suppose un ensemble de caractères physiques
(humide, chaud, mou, etc.), manifestant des fonc-
tions précises (ce nez sert à ceci ou cela). Ainsi le
mathématicien opère par abstraction (ἐξ ἀφαιρέσεως)
et le physicien par addition (ἐκ προσθέσεως). Paradoxalement, bien qu'elle opère selon un manque et ne
saisisse que les accidents qui arrivent avec les corps,
la démarche du mathématicien ne produit pas pour
autant une quelconque distorsion dans ce qu'elle
sépare du corps ; au contraire, du fait de la simplicité
et de la clarté de ce qu'elle sépare, elle atteint plus
d'exactitude (cf. *Seconds Anal.* I, 27, 87 a 34ss. ; *Métaph.*
α, 3, 995 a 14-16 ; E, 1, 1025 b 34ss. ; M, 3 ; *Du ciel*, III, 1,
299 a 16ss. ; 7, 306 a 27ss., etc.). En revanche, la
science physique, qui étudie les corps en tant qu'ils
adviennent toujours ou fréquemment (ὡς ἐπὶ τὸ
πολύ), ne fait pas appel à la même exactitude, la
raison d'être des corps n'étant pas toujours claire (cf.
Météor. IV, 12, 390 a 14-20). Cette différence qui fait
dire à Aristote (cf. *Eth. Nic.* VI, 8, 1142 a 16-20) que
les jeunes gens sont plus aptes aux mathématiques
qu'à la physique ou à la sagesse, qui requièrent plus
d'expérience, ne prend un sens que parce que la
physique aristotélicienne se déploie en dehors de sa
référence mathématique indispensable.

D'où l'embarras d'Aristote face aux « parties les
plus physiques des mathématiques, comme l'optique, l'harmonique et l'astronomie qui se comportent d'une façon opposée à la géométrie, puisque la
géométrie prend comme objet de recherche la ligne
naturelle, non cependant en tant que naturelle,

tandis que l'optique envisage à son tour la ligne
mathématique, non en tant que mathématique,
mais en tant que naturelle » (194 a 7-12). Autrement
dit, entre une mathématique pure qui traite d'étants
abstraits et une physique pure qui s'occupe d'étants
naturels en devenir se tient toute une frange du
savoir où se déploient des phénomènes physiques
réductibles à l'ordre mathématique, tant dans le
monde supralunaire où règne la nécessité que dans
le monde sublunaire où il existe des phénomènes
en mouvement qui sont mesurables. Il serait d'ailleurs absurde que ceux qui s'occupent de la nature
de la lune et du soleil, de leur mouvement et de
leurs propriétés évitent toute référence à leur
sphéricité sous prétexte que cela n'appartient pas au
domaine de recherche du physicien. Mais il n'est
pas moins vrai aussi que, pour Aristote, la figure de
la sphère attribuée au soleil ou à la lune est étudiée
autrement par le mathématicien, qui en établit la
démonstration, et autrement par la physicien qui
observe les effets pour comprendre leur nature. Il
établit du reste une différence parallèle entre l'étude
de la géométrie telle que la pratique le geomètre,
« spectateur du vrai », qui cherche l'essence et les
causes des figures, c'est-à-dire le « pourquoi », et telle
que l'applique l'artisan dans la production des objets
fabriqués, qui se contente d'un fait et cherche
comment l'utiliser pour ce qu'il veut réaliser (*Eth.
Nic.* I, 7, 1098 a 25-33).

  Cette situation intermédiaire entre une mathématique pure et une physique pure, qui couvre un
champ important de la recherche physique, soulève
néanmoins la question du statut de tout ce qui est

séparable, voire même la question de savoir s'il n'y
a pas des réalités qui sont séparées, ou tout simplement étrangères à la physique et aux mathématiques, comme des étances immobiles. Aristote ne
dissimule pas le problème puisqu'il dit à la fin du
chapitre, que la question de savoir ce qu'est « ce qui
est séparé » et « comment il est » doit être étudiée par
la philosophie première (c'est-à-dire la métaphysique). Comme d'ailleurs il l'insinue plus loin, la
philosophie première doit étudier les étants
immobiles (7, 198 a 28-29; cf. aussi *Métaph*. E, 1).

<194a12-b9> Attribuer au physicien comme
objet d'étude l'étant naturel dans ce qu'il contient de
naturel, signifie qu'il doit connaître les deux dimensions de la nature que le chapitre précédent a
établi : la spécificité et la matière, tout comme dans
le cas de l'art, l'artisan ou le médecin doivent
connaître, l'un la spécificité de l'objet à fabriquer et
la matière qui contribue à sa réalisation, l'autre la
santé et les organes dans lesquels elle réside. D'autre
part, une fois approfondie, cette perspective associe la
connaissance de la spécificité à la finalité, à « ce en
vue de quoi » (τὸ οὖ ἕνεκα) il y a spécification de la
matière. Dans le cas de la santé, cela est clair,
puisqu'elle est la fin de l'acte médical. En revanche,
dans le cas des objets à fabriquer, par exemple une
maison, il convient d'envisager à la fois la spécificité de la maison et sa finalité – « ce en vue de
quoi » elle est réalisée (le fait qu'elle est un abri) et
qui détermine cette spécificité, dont la réalisation
accomplit sa forme. On pourrait dire que la visée
prescrite par la finalité, qui confère à la chose à

fabriquer sa raison d'être (λόγος), n'assure une possibilité de réalisation qu'une fois déterminée sa spécification, lorsque ce qui fait être (τὸ εἶναι) la chose
atteste sa présence. Une fois la chose réalisée, on
parle d'essence au sens de « ce qu'était (et est) l'être »
(τὸ τί ἦν εἶναι) de la chose. C'est par là que la pensée
d'Aristote se différencie de celle des anciens physiciens, qui ne s'occupaient que de la matière, si l'on
excepte, il est vrai, Empédocle et Démocrite, lesquels, comme Aristote le rappelle aussi bien ici
qu'ailleurs, ont touché « pour une petite part à la spécificité et à ce qu'était (et est) être pour une chose »
(τοῦ εἴδους καὶ τοῦ τί ἦν εἶναι) (194 a 20-21) ; Empédocle ayant même rapproché l'étance et la nature de
la raison d'être du mélange (τὴν οὐσίαν καὶ τὴν φύ-
σιν...τὸν λόγον..., οὔτε γὰρ ἔν τι τῶν στοιχείων λέγει αὐτὸ
οὔτε δύο ἢ τρία οὔτε πάντα, ἀλλὰ λόγον τῆς μίξεως αὐτῶν)
(*De part. anim.* I, 1, 642 a 18-28), et de la définition
(*Métaph.* M, 4, 1078 b 19-21). Il n'empêche qu'en
dépit de cet effort exceptionnel, il manque à leur
façon de penser un approfondissement du « logos »
dans le sens de la finalité, par laquelle se manifeste
la forme. C'est pourquoi il incombe également au
physicien d'étudier « ce en vue de quoi et la fin,
ainsi que toutes les choses qui contribuent à leur
réalisation » (194 a 27-28).

Cette prise en compte de la finalité modifie en
fait le rapport entre spécificité et matière en un
nouveau rapport entre fin et moyens susceptibles de
la réaliser. C'est là une perspective que l'on trouve
davantage explicitée dans l'ordre de la production et
de l'action, c'est-à-dire là où l'homme est principe
d'activité, et qui demeure en retrait dans le domaine

de la nature, même si Aristote en parle lors de son étude de la finalité (cf. II, 8, 199 a 23-26). En évitant l'usage systématique d'un langage anthropomorphique pour expliquer les processus naturels, alors même que sa pensée tend à aller dans ce sens, Aristote fait voir qu'il ne cherche pas à réduire à tout prix la nature aux mêmes processus que ceux qui régissent l'activité humaine.

Ces remarques me semblent d'autant plus importantes que la suite du texte nuance la notion de fin. Alors que dans un premier moment Aristote insiste sur le caractère objectif de la finalité, en indiquant qu'il s'agit de ce qui est meilleur, il nuance aussitôt son propos en situant également l'homme comme fin, puisque non seulement les choses produites par l'art se rapportent à l'homme, mais que nous utilisons toutes les choses qui existent « comme si (ὡς) elles existaient en vue de nous » (194 a 34-35). Peu importe ici que cette thèse ait été défendue dès sa jeunesse, dans son dialogue *Sur la Philosophie,* comme il semble l'indiquer (cf. 194 a 35-36). C'est ce glissement vers l'homme à qui se réfère la finalité qui importe et qui met en relief l'usage impliqué par les choses produites et, au-delà, l'usage que nous faisons des choses de la nature. Aristote sait bien que l'homme ne se contente pas d'utiliser des objets fabriqués, mais fait également usage d'un certain nombre d'étants naturels pour se nourrir. La nuance qu'il introduit dans son discours, en écrivant que nous utilisons toutes les choses comme si elles existaient en vue de nous-mêmes, montre qu'il refuse une finalité providentielle de la nature. C'est l'homme qui agit comme si tout lui appar-

tenait. Dès lors le parallélisme entre art et nature se
trouve profondément subverti : en dépit des affirmations qui disent que la nature vise toujours le
meilleur, qu'elle ne fait rien en vain, qu'elle désire,
qu'elle se manifeste par un élan, etc., le finalisme
doit être pensé sous l'éclairage de la production ou
de l'épanouissement de la chose selon un ordre et
en vertu d'un accomplissement et d'un achèvement,
dans lequel et à partir duquel se réalise une activité.
Accomplir cette activité sans défaillance, voilà, nous
le verrons, le sens qu'il faut accorder à la finalité.
Mais revenons quelques instants encore à l'art, où la
finalité est tributaire de l'action humaine.

En effet, dans la mesure où la finalité de ce qui
est produit par l'art se détermine par l'usage,
l'homme en tant que créateur de l'art trouve sa place
au cœur de la problématique de la finalité. Cette
place est d'autant plus importante que la nature elle-
même, nous le verrons, peut être suppléée par l'art.
Conscient de cette situation ambiguë de la finalité,
Aristote s'empresse de distinguer dans la pratique de
l'art un art architectonique, qui met l'accent sur la
spécificité de la chose (par exemple, le pilote prescrit
l'usage du gouvernail et en détermine la spécificité), et un art producteur qui évalue la matière
pour sa réalisation. Nous trouvons ainsi une
distinction qu'on rencontre encore à notre époque
entre l'activité de l'architecte et celle de l'ingénieur,
même s'il est vrai qu'entre l'art ancien et la
technique moderne se creusent des différences
radicales. Cette distinction entraîne, selon Aristote,
une conséquence importante : dans les choses qui
sont conformes à l'art, c'est nous qui produisons la

matière, qui est elle-même relative à la spécificité de ce qu'il s'agit de fabriquer, alors que dans les étants naturels, la matière appartient à la chose même (cf. chapitre 9). Ainsi, cette double dépendance de l'art à l'égard de l'homme (dans sa spécificité en vue de l'usage, et dans sa matière, produite en vue de cette spécificité) contraste radicalement avec l'indépendance aiguë des étants naturels étudiés par la physique, même si l'homme utilise tout ce qui existe comme si cela existait en vue de lui-même, et même s'il arrive parfois à suppléer, au moyen de l'art, aux insuffisances de la nature.

CHAPITRE 3

<194b16-23> Une fois qu'on attribue au physicien le rôle de connaître à la fois la matière et la forme, voire la finalité, on est aussitôt interpelé par la question de l'appréhension totale de l'étant naturel. D'où l'objet de ce chapitre, qui reprenant ces trois dimensions du savoir, les qualifie de « causes », et y ajoute une quatrième dimension, la cause efficiente, dont le rôle, je l'ai dit plusieurs fois, se manifeste surtout à partir du livre III, consacré au mouvement (qui est toujours pensé à partir du moteur qui s'actualise dans son rapport au mobile, lequel, à son tour, s'actualisant, devient ce qui se meut, le mouvement étant le résultat de ce contact, c'est-à-dire ce qui surgit à partir de ce rapport, et se déploie selon une continuité).

L'introduction des quatre causes confère à la chose à laquelle elles sont appliquées, et en particulier à l'étant naturel dont il est ici question, à la

fois un fondement et une explication auxquels
peuvent être rapportés, d'une façon ou d'une autre,
tous les phénomènes de la nature. Aristote l'affirme
dès le début de son exposé : le but du traité étant
d'établir un savoir concernant les étants naturels en
devenir et en mouvement, il faut établir le «pourquoi», c'est-à-dire la cause première, tant pour la
génération et le dépérissement, que pour les autres
changements. Il faut, dit-il, accomplir cette tâche
«de telle façon qu'une fois leurs principes connus,
nous nous efforcions d'y ramener chacune des
choses recherchées» (194 b 20-23).

Pour atteindre son but, Aristote entame trois ap-
proches successives lui permettant d'établir sa
théorie de la causalité : la première fait le bilan et
énumère les quatre causes tout en dégageant leur
sens et leur ampleur (194 b 23-195a3) ; la deuxième
montre que ces causes peuvent coexister dans les
choses selon divers rapports (195 a 3-26) ; la troisième organise les différentes manifestations de la
causalité, en les rapportant à trois modes couplés
deux à deux : au particulier et au genre correspondant, à ce qui est par accident et au genre correspondant, à ce qui est composé et ce qui est simplement (195 a 26-b21). Voyons ces trois analyses
successives.

<194b23-195a3> Tandis que l'étant naturel a été
étudié jusqu'ici selon ses principes les plus proches
(matière prochaine, spécificité / forme et «ce en
vue de quoi»), l'étude des quatre causes étend le
domaine des principes, ces causes étant aussi attri-
buées aux genres auxquels se rapportent ces étants et

leurs constituants. C'est ainsi que la cause matérielle est qualifiée de «ce à partir de quoi devient quelque chose, et qui lui appartient d'une façon immanente : par exemple l'airain de la statue, l'argent de la coupe, *ainsi que leur genre* »; de même la cause formelle est envisagée comme «la spécificité et le modèle, ce qui signifie la raison d'être de ce qu'était (et est) être pour la chose, *ainsi que les genres la concernant* : par exemple, le rapport de deux à un comme raison d'être de l'octave, et *en général*, le nombre, ainsi que *les parties* qui appartiennent à la raison d'être ». On pourrait dire la même chose des causes efficiente et finale, même si Aristote n'utilise plus l'expression «genre» : est cause «ce d'où il y a principe premier du changement et du repos : par exemple celui qui a délibéré est cause (de l'action), le père aussi de l'enfant et, en général, ce qui produit de ce qui se produit et l'agent du changement de ce qui change » ; mais il aurait pu dire aussi, comme il le fait souvent, c'est un homme qui engendre un homme, ou même c'est un animal qui engendre un animal. Enfin, est cause aussi la fin, qualifiée par « ce en vue de quoi », et qui est associée au «pourquoi » : par exemple, considérée comme une cause de la santé, la promenade permet une interrogation sur sa raison d'être (le pourquoi), entraînant comme réponse : "c'est pour sauvegarder la santé "; et répondant ainsi, «nous pensons avoir rendu la cause ». Ici aussi on peut employer des genres (homme, animal, vivant, etc.) pour signifier la cause finale.

Cet élargissement de la perspective causale vers les genres, situe l'exposé d'Aristote sur un plan de

clarification indispensable, sans lequel ni les
définitions ne seraient possibles (puisque celles-ci
supposent un genre et une différence spécifique), ni
le déploiement d'une problématique de l'universel,
conditions de la scientificité. Comme il n'y a pas –
en vertu même des principes introduits par Socrate
et Platon, auxquels Aristote s'accorde – de science de
l'individu et du particulier (de la chose particulière
ou, plus exactement, de ce qui est conforme à
chaque chose particulière, τὸ καθ'ἕκαστον) sans
référence à un universel (à ce qui est conforme à
une totalité, τὸ καθόλου), la science suppose un plan
noétique qui transcende la réalité concrète tout en
s'enracinant en elle, la spécificité (εἶδος) jouant un
rôle intermédiaire : elle est, d'une part, condition de
l'individu et du particulier dans l'ordre du réel, et,
d'autre part, condition de l'universalité dans l'ordre
du savoir ; d'où son importance à la fois parmi les
causes et dans l'élucidation métaphysique de
l'étance (cf. *Métaph.* Z). Tous ces éléments jouent
donc un rôle dans la problématique de la causalité
comme horizon de la scientificité de la physique.

L'ampleur de la question et ses subtilités, peu
manifestes au premier regard, apparaissent aussi
lorsqu'on cherche à appréhender le réel comme tel.
Cela ressort clairement des explicitations ajoutées
dans la suite immédiate, après l'énumération des
causes : est cause également tout ce qui advient dans
l'intervalle séparant le moment de l'ébranlement du
mouvement par la cause efficiente et sa réalisation à
la fin du processus, comme par exemple, dans le cas
de la santé, l'amaigrissement, la purgation, les
remèdes ou les instruments, car ces choses qui

diffèrent entre elles parce que les unes sont des
activités, les autres des instruments, sont en vue de
la fin (194 b 35-195 a 3) ou, comme Aristote dit plus
loin (reprenant pour le devenir naturel un langage
plus adapté à l'art et à l'action), sont des choses qui
con-tribuent, qui sont utiles à la réalisation de la fin
(τὰ συμ-φέροντα πρὸς τὸ τέλος) (II, 8, 199 a 25).

En somme, Aristote tisse peu à peu une architectonique, dans laquelle la clarification scientifique
de l'étant naturel suppose un ensemble d'éléments,
dont le physicien doit établir le lien, comme le fait à
sa façon le philosophe lorsqu'il étudie la fin de
l'homme, dans l'éthique, en se référant à une
architectonique tant dans les arts (les fins des
différents arts étants multiples, elles doivent être organisées selon une visée politique) que dans l'action
(les vertus particulières étant multiples, elles contribuent ensemble au bonheur) (*Eth. Nic.* I, 1), ou
encore en étudiant le rapport entre l'étance et les
autres catégories, dans la problématique du *pros hen*
(*Métaph.* Γ, 2) (Cf. «L'Etre et l'Un chez Aristote», *art.
cit.*).

<195a23-26> La coexistence des causes semble
aller de soi, car, pour prendre un exemple, un lit est
tel qu'il est parce qu'au préalable l'artisan a réussi à
réunir dans sa pensée la fin recherchée (produire
un objet pour dormir), la spécificité par laquelle peut
se manifester cette fin, la matière la plus adaptée
pour la réaliser et les mouvements requis pour lui
assurer une forme. Aucun arbitraire n'est possible
dans ce domaine. Or, une fois l'objet fabriqué, trois
des quatre causes (si l'on retire la cause efficiente

qui disparaît à la fin de l'ouvrage) se retrouvent en lui comme ses dimensions propres et ce qui répond de ce qu'il est.

Il est évident que dans cette perspective la co-présence des causes matérielle et formelle est quasi permanente : les lettres des syllabes, la matière et la forme des objets fabriqués, les parties relativement au tout. Dans le même sens, la cause finale n'est pas moins perceptible, surtout dans les objets fabriqués, grâce à leur usage. Aristote se plaît ici à rappeler que cette cause est associée au bien de la chose, que celui-ci soit qualifié de bien proprement dit ou de bien apparent, puisqu'il faut atteindre, au moyen de cette cause, ce qu'on croit être la meilleure fin. Grâce à cette cause, la notion de bien déborde le domaine de l'action et de l'éthique, puisqu'un objet fabriqué qui réalise sa finalité possède son bien, et peut même être analysé en fonction d'une «vertu». Cela explique aussi en quoi les étants naturels dont les activités sont conformes à leur fin atteignent un bien : par exemple l'activité de la vue (la vision), si elle s'accomplit comme il se doit, atteint la fin et le bien qui sont propres à l'activité de l'œil. Ainsi comprise, la finalité est déterminante pour les rapports entre les différentes causes, puisque toutes contribuent à ce qu'elle manifeste.

Mais une question s'impose aussitôt : la cause efficiente ne se tient-elle pas en dehors de cette perspective ? Certes, je l'ai dit, elle n'est plus présente dans l'objet fabriqué. Pourtant, on ne peut pas toujours l'écarter, puisque à l'égard d'une statue d'airain, par exemple, l'airain s'y rapporte comme sa matière et le statuaire comme principe du mouvement. La même chose peut être dite du médecin par rapport à la maladie, et de celui qui a délibéré à l'égard du choix qu'il accomplit comme principe de son action. Aristote relève des cas où la cause efficiente atteste davantage encore sa présence, comme le cas de choses se tenant entre elles selon un rapport de réciprocité : l'exercice est cause d'un corps sain au sens d'une cause efficiente, et un corps sain est à son tour cause de l'exercice au sens d'une cause finale. D'autres cas, comme celui de la présence, lors d'une tempête, du commandant d'un navire comme cause (efficiente) du salut de celui-ci, révèlent que l'absence de la cause efficiente peut être néfaste, puisque, en l'occurrence, l'absence du commandant peut provoquer la perte du navire.

Cet échantillonage qui concerne, dans la plupart des cas, des phénomènes extérieurs aux processus de la nature, montre qu'Aristote ne prétend pas établir une typologie causale univoque et toujours identique dans tous les cas. Il cherche seulement à faire voir que la variété des phénomènes ne s'oppose pas à une organisation du réel selon ces quatre *espèces* de causes. Mais la complexité du réel le conduit à des nuances supplémentaires.

<195a26-b21> En effet, un ultime regroupement de la causalité des phénomènes, envisagés dans leur singularité même, et donc en nombre incalculable, révèle qu'on peut les qualifier selon six modes, regroupés en trois couples : (1) l'universel et le particulier, ce qui est par accident et le genre de ce qui est par accident, les choses composées et les choses simples. Bien entendu, cette classification ne

s'oppose pas aux quatre causes, elle signifie seulement que les choses auxquelles elles se rapportent manifestent une variété insoupçonnable, qui d'ailleurs peut être regroupée également selon un autre couple : la puissance et l'acte.

C'est dire que l'élargissement de la problématique de la causalité la situe sur un plan explicatif qui envisage le réel non seulement dans ce qu'il y a de concret mais également dans ce qui, étant abstrait, cerne davantage le savoir relativement à d'autres choses auxquelles s'applique la causalité. Autrement dit, la problématique de la causalité n'est pas ponctuelle, en fonction de telle chose particulière, mais elle est également relationnelle, rendant ainsi possible un réseau de rapports, et donc une science.

Si nous éprouvons quelque difficulté à étayer cette théorie, nous contentant habituellement à d'analyses ponctuelles de la causalité, c'est parce qu'Aristote lui-même l'annonce d'une façon peu systématique, sans approfondissement suffisant. Sa responsabilité est certaine, et elle est peut-être due au fait qu'il découvre l'ampleur de sa théorie au fil de la constitution de sa pensée. C'est pourquoi sa clarification requiert l'étude de ses œuvres physiques (y compris ses œuvres biologiques et psychologiques) selon un regard qui tiendrait compte des divers éléments mis en relief dans ce chapitre 3. Mais en attendant cette étude, qui devrait mettre en évidence l'insuffisance de notre approche d'Aristote, nous devons nous contenter des généralités que nous sommes habitués à employer, selon une étonnante unanimité, pour expliquer sa pensée.

CHAPITRE 4-6

Si je me suis permis de regrouper les trois chapitres qui suivent, c'est parce qu'ils traitent d'une même question : le hasard et le mouvement spontané. Toutefois, cette analyse unitaire n'est pas réduite à un seul thème, mais suit une progression argumentative subtile qui, partant de la défense de ces concepts, refusés par certains philosophes, aboutit à différencier le hasard du mouvement spontané.

Dans le chapitre 4 (195 b 30-196 b 9), Aristote se demande si le hasard et le mouvement spontané existent réellement, en se fondant sur les thèses de ses prédécesseurs. Une fois leur existence acceptée, il établit leur sens commun, au chapitre 5 (196 b 10-197 a 35), avant de les distinguer, au chapitre 6 (196 b 36-198 a 13).

<195b30-196b9) Avant donc de poser la question de savoir si le hasard et le mouvement spontané sont identiques ou différents, et s'ils appartiennent aux causes, élucidées auparavant, Aristote traite de leur existence même. Le refus de leur existence n'est pas arbitraire, car, loin de prétendre fonder le déterminisme universel, les adeptes du refus s'appuient sur le fait que toute action présuppose une cause.

L'exemple qu'il retient est à première vue trivial, puisqu'il s'agit de savoir si la question du hasard est impliquée dans le cas d'une personne qui, se rendant au marché pour faire ses emplettes, rencontre un débiteur, c'est-à-dire quelqu'un qu'elle souhaitait rencontrer sans néanmoins avoir été au marché dans ce but. Ceux qui refusent le hasard de la rencontre soutiennent que la rencontre est de toute façon due à une cause antérieure, à savoir le fait d'aller faire ses emplettes, sans laquelle on ne serait pas allé au marché.

En anticipant un peu la position d'Aristote dans la suite, disons dès à présent qu'il reconnaît l'existence du hasard et du mouvement spontané, bien qu'il soit sensible à cet argument; son interprétation cherche à concilier cette antériorité causale et le hasard en mettant en valeur un concept central de sa philosophie : la notion d'accident. Cette solution révèle que ce type de rencontre s'est accompli par accident, et suppose l'antériorité de ce qui est condition de l'accident, en l'occurrence l'action intentionnelle visant à l'accomplissement d'achats au marché. En revanche, ce qui semble l'irriter chez les négateurs du hasard et du mouvement spontané, c'est le fait qu'ils étendent leur thèse à l'ensemble des phénomènes, en se basant sur un argument d'autorité : le silence des anciens.

Il est difficile de savoir à quels courants philosophiques Aristote se réfère. Il est probable que la plupart des philosophes présocratiques n'avaient pas accepté de gaîté de cœur l'existence du hasard, pas plus que Platon, d'ailleurs, qui, en fin de compte, explique les phénomènes en les rapportant à l'automotricité de l'âme, attribuée aussi bien à l'individu qu'à l'univers. Aristote n'est clair dans ses références que lorsqu'il relève chez Empédocle, Anaxagore et Démocrite, des incohérences qui lui permettent d'avancer dans son argumentation.

Il montre ainsi que ces philosophes tantôt acceptent le hasard et tantôt le refusent. Empédocle, par exemple, alors qu'il nie la présence du hasard dans l'action de l'Amour et de la Discorde, l'introduit en revanche dans le processus cosmogonique (fr. 62 Diels) et n'hésite pas à l'insérer dans la formation des êtres vivants. Par contre, Anaxagore accepterait le hasard dans l'action originaire de l'Intellect cosmique, mais le refuserait dans le processus cosmogonique, et Démocrite, qui admettrait le hasard et le mouvement spontané dans le tourbillon initial, cause du ciel actuel et de tous les univers qui sont au-delà, le refuserait néanmoins dans la formation des êtres vivants, parce que, dit Aristote, «la semence de chacun ne produit pas n'importe quoi, mais de celle-ci vient un olivier et de celle-là un homme» (196 a 31-33).

Ce paradoxe chez les présocratiques, et notamment chez Démocrite, Aristote l'approfondit au livre VIII, 1, 252 a 32-b5, où il dit que «d'une manière générale, accepter comme principe suffisant, comme le dit Démocrite, le fait qu'une chose est ou devient toujours ainsi parce qu'elle s'est passée ainsi auparavant, au point d'y rapporter les causes concernant les choses de la nature, n'est pas une manière correcte de juger. Ne pas avoir l'exigence de chercher un principe de ce qui est toujours, est certes correct pour certaines choses, mais pas pour toutes. Car, le triangle aussi a toujours ses angles égaux à deux droits mais il existe néanmoins une autre cause de cette éternité, tandis que pour ce qui concerne les principes, il n'y a pas d'autre cause de leur éternité qu'eux-mêmes». Ce texte fait voir que le

choix démocritéen en faveur d'un déterminisme de
certains phénomènes, en dépit du caractère indéterminé de l'origine, est dû non seulement à la
régularité des phénomènes de la nature, notamment du devenir propre aux êtres vivants, mais aussi
à la stabilité des étants mathématiques, considérés
par Aristote comme des abstractions provenant
d'étants antérieurs par soi (les étances). La suite du
texte montre, en plus, que si les divergences entre
déterminisme et indéterminisme sont prises en
considération, ce n'est pas à cause des incohérences
qu'elles susciteraient – car Aristote ne nie pas
qu'une théorie qui pose le hasard à l'origine des
choses soit compatible avec la thèse selon laquelle
une forme de déterminisme peut s'introduire, après
ce moment initial, notamment dans l'ordre du
monde vivant –, mais parce qu'elles insèrent également le hasard dans le monde supralunaire,
considéré par lui comme étant éternel et comme un
lieu privilégié où résident des vivants éternels, les
astres divins. Autrement dit, Aristote croit déceler
dans cette position le paradoxe qui consiste à considérer comme instables les étants divins du ciel et
comme stables les êtres vivants de la nature, alors
que, pour lui, c'est le monde supralunaire qui est le
réel le plus stable et le plus éternel qu'on puisse
imaginer, et le monde sublunaire qui est le plus
instable, en dépit d'une forme de régularité, parce
que les étants qui en font partie deviennent non pas
nécessairement mais fréquemment et, comme nous
le verrons, parce qu'ils peuvent être le siège
d'erreurs de la nature. Bref, Aristote suppose par là la
thèse d'une différence de nature entre mouvement

céleste et changement dans le monde sublunaire, et
la présence dans celui-ci d'une finalité qui n'est pas
toujours pleinement réalisée.

<196b10-197a21 Par rapport à son exposé pré-
cédent, Aristote fait un pas décisif qui nous installe
d'emblée dans sa propre conception du hasard et du
mouvement spontané qui, non seulement admet
leur existence, mais les envisage à partir de la
finalité et du devenir par accident. Ce sont bien ces
deux concepts, la finalité et l'accident, qui assignent
sa cohérence interne à sa conception du hasard et
du mouvement spontané.

Ce n'est donc pas dans les choses qui deviennent toujours et fréquemment qu'il convient de
chercher le hasard et le mouvement spontané, mais
dans les choses qui deviennent autrement, en
dehors de celles-ci. En d'autres termes, pour s'opposer à ceux qui refusent ces concepts, il faudrait
montrer à la fois que de telles choses existent et la
façon dont elles existent. Or, parmi les choses qui
deviennent, les unes se réalisent en vue d'une fin,
les autres non. Mais Aristote ne se contente pas de
dire que du seul fait que certaines choses arrivent en
dehors de la finalité on peut y trouver le hasard et le
mouvement spontané. L'originalité de sa position est
de tenter de découvrir ces concepts dans le devenir
même où la finalité est impliquée.

En effet, il soutient que parmi les choses
impliquant une finalité, certaines arrivent sans être
soumises à ce qui devient nécessairement ou fréquemment. N'oublions pas que chez Aristote nombreux sont les phénomènes dominés par la contin-

gence, notamment ceux qui appartiennent au domaine de l'action, où la finalité est bien présente. Aussi affirme-t-il ici : «sont en vue d'une fin aussi bien les choses qui seraient réalisées par la pensée discursive (ἀπὸ διανοίας) que celles qui adviendraient par la nature» (196 b 21-22). C'est dans ces deux types de phénomènes, lorsqu'ils arrivent par accident, qu'il y a hasard ou mouvement spontané. Ce n'est donc pas au détriment de la finalité qu'il y a hasard et mouvement spontané, mais relativement à ce qui arrive par accident. L'exemple retenu est significatif : dans la construction d'une maison, l'art est une cause par soi et, de ce fait, implique une forme de nécessité, celle des conditions déterminées pour la réaliser ; en revanche, le processus de construction ne s'oppose pas à ce qu'un nombre indéterminé d'accidents arrivent (couleurs, détails esthétiques ou utilitaires, etc.), qui ne sont pas impliqués par l'art même de la construction. Comme l'observe un texte de *Métaph.* E, 2, 1026 b 2 ss., l'accident ne se soumet à aucune théorisation et à aucune science, ni pratique, ni poïétique, ni théorétique, car «celui qui construit une maison ne produit pas toutes les choses qui arrivent en même temps que la construction de la maison, puisque ces choses sont en nombre infini : rien n'empêche en effet que la maison une fois construite apparaisse aux uns agréable, aux autres désagréable, à d'autres utile, et pour ainsi dire différente de tous les autres étants – ensemble de caractères dont l'art de bâtir n'est pas le producteur». Plus loin Aristote donne d'autres exemples d'accidents, parmi lesquels celui de l'homme blanc, dont la couleur, dit-il, est par

accident, « car elle n'est pas toujours ni fréquemment, alors que le fait qu'il est un vivant n'est pas par
accident » (1026 b 35-37). On pourrait citer ici
d'autres exemples provenant de son analyse des
lieux dans les *Topiques*. Mais ces quelques illustra-
tions suffisent à situer l'articulation de son analyse.

On constate notamment qu'en excluant la régularité absolue ou relative du phénomène, Aristote
montre que le lieu propre à l'accident correspond,
du moins en partie, à celui du hasard et du
mouvement spontané. Le mode commun de manifestation est l'indétermination et le nombre indéfini
de circonstances règlant ces processus, sans pour
autant s'opposer à la finalité. C'est la raison pour
laquelle il se permet de revenir, en 196 b 33 ss., à
l'exemple de départ de la personne qui se rend au
marché pour faire ses emplettes, où elle rencontre
son débiteur, pour indiquer plus clairement cette
fois-ci sa position propre : si la personne, quand elle
est venue au marché, savait que son débiteur s'y
trouverait, parce que celui-ci vient soit toujours soit
fréquemment, et si elle y est bien venue délibérem-
ment, par son propre choix, alors il n'y a ni hasard
ni mouvement spontané dans ce phénomène. Bref,
s'il y a intentionalité dans l'action, celle-ci supprime
toute perspective de hasard et de mouvement
spontané. Or, comme le but de la venue de la
personne en question était de faire ses emplettes
sans savoir qu'elle y trouverait également son
débiteur, il y a bien, selon Aristote, hasard, parce
que c'est *par accident* que son débiteur s'y trouvait et
que la rencontre a eu lieu. D'ailleurs, dit Aristote,
cette personne aurait pu venir au marché pour d'au-

tres causes (pour voir quelqu'un, pour le poursuivre, pour l'éviter, pour voir un spectacle, etc.), dont aucune ne serait celle qui concerne la rencontre de son débiteur. Si bien qu'il semble effectivement qu'il existe une cause par accident que l'on peut qualifier de hasard ou de mouvement spontané.

Pourtant, en dépit de cette analyse, Aristote ne dit pas, jusqu'ici, si le physicien doit également s'occuper de ce type de cause que les références à *Métaph.* E, 2, excluent de la science, — la science ne s'occupant que de ce qui est toujours ou arrive fréquemment (1027 a 19-21). Mais on devine déjà que l'analyse qu'il propose du hasard et du mouvement spontané, et qui fonde leur existence, vise à montrer que leur appartenance à la problématique de la causalité n'implique pas leur autonomie, et qu'elles doivent se soumettre aux quatre causes canoniques, qui sont les seules à régir un discours scientifique d'une façon théorétique. Nous verrons néanmoins qu'étant donné cette explicitation théorique, il existe un type de mouvement spontané qui peut être étudié par le physicien.

<197a21-35> Si j'ai séparé la fin du chapitre 5 de ce qui précède, c'est parce qu'en prolongeant la question du hasard, elle articule un problème qui déborde le cadre de l'analyse précédente, au profit de considérations plus (ou moins) finalistes, pouvant renvoyer à des analyses différentes de celles de la physique pure. Deux cas successifs sont mis en relief par Aristote : le problème de l'accident pouvant contribuer à la finalité et la question de la chance et de la malchance.

C'est ainsi, d'abord, que toutes les causes accidentelles n'ont pas la même valeur physique, car certaines sont plus proches du phénomène physique et d'autres plus éloignées. Par exemple, pour la santé, on peut considérer le fait de couper ses cheveux comme étant une cause accidentelle plus éloignée que la chaleur du Soleil ou le souffle chaud – ce *pneuma* attribué par Aristote aux phénomènes vivants, et qui deviendra central, selon une perspective matérialiste, chez les Stoïciens et, selon une perspective immatérialiste, comme Esprit, dans le christianisme. L'exemple retenu peut étonner, lorsqu'on sait l'importance de la chaleur solaire pour la santé. Mais ce point de vue est moins celui de la physique que de l'art, qui est, ne l'oublions pas, un modèle d'analyse : c'est le savoir propre à l'art médical qui est une cause par soi, la chaleur du soleil n'étant qu'une cause par accident. On peut considérer qu'en tant qu'elle est accidentelle relativement à l'art médical, cette chaleur contribue davantage que la coupe des cheveux à réaliser la santé. En revanche, au point de vue de la physique, la chaleur, bien qu'elle ne soit pas une cause intrinsèque par soi, pour prétendre constituer un objet central de la physique, au même titre que les quatre causes, peut être néanmoins qualifiée d'accident essentiel, et comme telle constituer un objet de l'étude scientifique. Au point qu'Aristote dit qu'un homme engendre un homme « avec l'aide du soleil » (4, 194 b 13). Cela paraît d'autant plus pertinent que, nous le verrons, le hasard et le mouvement spontané, bien qu'ils soient des accidents, ne sont pas non plus rejetés de l'étude du physicien, si ce n'est déjà parce que, tels qu'ils sont envisagés ici, ils sont liés, tous les deux, à la finalité. Toujours est-il que ce premier cas retenu par Aristote concerne davantage les phénomènes relatifs à la régularité des processus naturels et de leur échec éventuel, comme la monstruosité.

Le second cas retenu déborde davantage la physique, car il s'intègre à des questions relatives à l'action humaine, comme l'éthique du bonheur. Il s'agit du rapport entretenu par le hasard avec le bien ou le mal, qui conduit à la question de la chance (εὐτυχία) et de la malchance (δυστυχία, ἀτυχία). A telle enseigne que leur présence est souvent amplifiée par la pensée, qui juge les conséquences. Aristote est sensible à cette question et cherche à amoindrir les effets éthiques, notamment dans le livre VIII de l'*Eth. à Eudème,* où il montre que la nature peut favoriser certains hommes en leur accordant des dons naturels (la beauté, la réussite dans l'action, etc.), mais ces faveurs ne sont pas déterminantes pour l'action vertueuse conduisant au bonheur (εὐδαιμονία), même si, comme il le rappelle au début du chapitre suivant de sa *Physique,* certains rapprochent bonheur et chance (197 b 3-5). En tout cas, il tient à relever ici un lien étroit dans l'ordre de l'indétermination entre, d'une part, la chance et la malchance et, d'autre part, le hasard. Pourtant, son analyse du hasard nous conduit à écarter ce phénomène de la physique, en dépit d'un dernier rebondissement à la fin du chapitre 5, où les deux notions, hasard et mouvement spontané, sont encore associées comme si elles appartenaient à des phénomènes physiques. Aristote y conclut encore que le hasard et le mouvement spontané sont des causes par accident, concernant le devenir en vue d'une fin, mais arrivant à des choses qui n'ont pas la régularité des phénomènes naturels. Mais quelle est leur différence?

<197a36-198a13> Le début du chapitre prolonge la question de la chance et de la malchance pour marquer la spécificité du hasard face au mouvement spontané, ce dernier étant considéré comme ayant une plus grande extension, tout hasard appartenant au mouvement spontané, mais pas l'inverse. Le hasard est ainsi expressément associé à l'action et à la question du bonheur, qui suppose le choix. Cela veut dire qu'on doit parler de hasard à propos d'une action où un choix serait possible quoique non réalisé comme tel à cause d'autres facteurs intrinsèques, quelle qu'en soit l'origine. C'est pourquoi Aristote dissocie de la question du hasard les étants inanimés, les animaux et les enfants parce que leurs activités ne sont pas régies par un choix délibéré et réfléchi. Si bien que toute référence au hasard pour leurs activités n'est qu'une référence par ressemblance, analogue à celle qu'avait avancée Protarque lorsqu'il parlait des pierres constituant les autels comme ayant de la chance du fait qu'elles sont honorées avec les sacrifices, ce qui n'est pas le cas des autres pierres qui sont foulées aux pieds.

Quant au mouvement spontané, il concerne en plus des actions régies par le hasard, aussi bien le domaine des étants inanimés que le règne vivant. Les exemples proposés par Aristote concernent d'ailleurs ces deux domaines du réel: lorsqu'un trépied

tombe spontanément et sert de siège, cette modification dans sa finalité n'est pas due à l'art qui l'a
fabriqué, mais au mouvement spontané qui l'a porté
dans cette position ; de même l'arrivée spontanée
d'un cheval, grâce à laquelle il a été sauvé de tel ou
tel événement, est du même type. Ces deux
exemples peuvent nous étonner, lorsqu'on sait que
dans notre langage on ne ferait pas une différence
nette entre mouvement spontané et hasard, puisqu'on dirait que c'est le hasard qui a fait du trépied
un siège et qui a fait arriver le cheval auprès de
nous. Mais c'est bien là l'originalité d'Aristote de
faire usage de la notion de *tychè* dans un sens
habituel, sans être entièrement fidèle à la tradition
grecque qui personnifiait Tychè et attribuait cette
expression au sort et au destin de l'homme. Se souvenant de ces nuances, il garde le terme de
« hasard » pour l'action humaine et assigne aux
autres phénomènes l'expression *automaton,* qui était
déjà attribuée par Homère aux automates d'Héphaistos. Pour étayer cette différenciation, il joue même
sur une étymologie fantaisiste du terme *auto-maton,*
où il est question de ce qui est « vain » (*matèn*) et
d'une action vaine à propos de ce qui arrive sans
finalité, bien que la finalité y soit impliquée.

Mais ce n'est pas là, à mon avis, l'essentiel de
son analyse. La suite de son exposé révèle en quoi ce
type de cause est central pour l'étude de la nature, en
soulignant la différence du hasard et du mouvement spontané dans le domaine des étants naturels
en devenir. Il faut bien voir qu'un phénomène produit par chance, par exemple la réussite dans une
action, est certes naturel, comme s'il était produit par

une nature en nous, bien qu'il ne soit pas conforme
à la finalité de l'action, alors qu'un phénomène
produit par le mouvement spontané peut être contre-
nature, comme par exemple la monstruosité. Ces
deux événements se distinguent par l'immanence
de la cause dans le premier cas et par son caractère
extrinsèque dans le second. Mais dans les deux cas
il convient de rapporter ce type de causalité à la
cause efficiente (qu'elle soit considérée comme ce
qui meut d'une façon transitive et externe ou d'une
façon immanente et interne) (198 a 2-3).

C'est cette différence qui explique également
toute la théorie aristotélicienne de la «génération
spontanée », qu'on trouve notamment dans le livre
III, 11, du traité *De la génération des animaux*, où les
facteurs externes sont déterminants. Au point
qu'Aristote, en se souvenant du mythe de l'autoch-
tonie, selon lequel les hommes seraient nés de la
terre, fait allusion, en la prenant comme hypothèse
de travail, à la possibilité d'un tel type de naissance à
l'origine (762 b 28 ss.). Cette théorie de la génération
spontanée est si importante que lorsqu'il traite du
devenir en *Métaph.* Z, 7, il commence son exposé en
ces termes : «parmi les choses qui deviennent les
unes deviennent par nature, les autres par l'art et
d'autres encore par génération spontanée (ταὐτομά-
του) » (1032 a 12-13). Dans ce domaine où la cause
efficiente est tributaire d'un contexte plus que d'une
spécificité propre au moteur transmissible par son
actualisation, surgissent des difficultés concernant
sa conception de l'entéléchie. S'il sauve la face, c'est
tout simplement parce qu'en définitive le mouvement de l'univers auquel se soumet également le

mouvement spontané, est tributaire du premier mouvant immobile (Dieu) qui agit non pas comme cause efficiente mais comme cause finale.

C'est dire que l'analyse du hasard et du mouvement spontané va au-delà d'une mise au point concernant des prédécesseurs peu enclins à comprendre l'importance de la finalité et de l'accident comme siège du hasard et du mouvement spontané ; elle cherche à montrer que la physique a également comme objet un type particulier de mouvement spontané qu'on a qualifié traditionnellement de génération spontanée. Mais, en même temps, en limitant la portée de ce type de causalité, Aristote ouvre la voie à une causalité plus essentielle, dans laquelle la finalité a son mot à dire. C'est pourquoi, quelle que soit la valeur du mouvement spontané, son analyse exclut toute référence à un tel mouvement pour le ciel, dont la perfection s'oppose à toute indétermination. Il dit même que dans l'hypothèse où ce mouvement serait une cause du ciel, il serait « nécessaire qu'au préalable l'intellect et la nature soient causes de beaucoup d'autres choses et de tout cet univers » (198a10-13). On ne saurait dire plus clairement qu'une cause par accident est toujours tributaire d'une cause antérieure.

Dès lors, si le mouvement spontané est pris en charge par la physique, c'est seulement parce qu'il est postérieur à d'autres phénomènes plus naturels et qui sont par soi. De plus, le physicien peut étudier un ensemble de phénomènes régis par le mouvement spontané, en les considérant non pas comme des causes par soi mais comme des causes par accident, tout comme le hasard peut être envisagé comme cause par accident, mais dans le domaine de l'activité régie par l'action. On peut du reste, au point de vue structurel, associer chez Aristote, d'une part, le hasard avec l'action et l'art, et, d'autre part, la nature et le mouvement spontané.

CHAPITRE 7

<198a14-198a21> En concluant son étude des quatre causes, au moment où il achève l'étude du hasard et du mouvement spontané, Aristote révèle ce qui demeure sous-jacent dans le traitement extensif de la causalité, à savoir que les questions posées relativement à la causalité se ramènent, en fin de compte, à la question du «pourquoi», ou plus exactement à la façon ultime de poser cette question. La recherche des causes doit ainsi aboutir au dernier terme possible, à une cause première, quel que soit le cas envisagé. Or cette procédure révèle deux points importants: d'abord, elle explique pourquoi la cause ultime de l'univers, Dieu, est théoriquement ultime seulement au sens de cause finale; ensuite, elle montre que la cause première ne se réduit pas à la recherche du seul «premier mouvant immobile» auquel est rapportée la cause ultime de l'univers au sens de principe (immobile) du mouvement, mais concerne la cause première dans chaque étant et chaque phénomène quel qu'il soit, souvent axée sur la recherche de la *définition* de ce dont il est question. Le premier point conduit à la métaphysique comme théologie, le second à la métaphysique comme aitiologie. Ces deux perspectives sont laissées en suspens par la physique, dans

la mesure où son objet ne concerne que l'étude des causes appartenant à l'étant naturel en devenir.

Cette extension de la problématique de la causalité et sa référence à la question de la cause première explique pourquoi Aristote multiplie ici les causes premières, en retenant un premier exemple concernant les mathématiques, un deuxième relatif à l'action et un troisième se rapportant au devenir (naturel ou artificiel). Or, même dans chacun de ces cas on pourrait multiplier les causes premières, puisqu'il dit expressément que, dans le cas des mathématiques, le pourquoi se ramène à la définition du droit ou du commensurable ou *de quelque autre chose ultime*. En agissant ainsi, Aristote fait voir que le réel se manifeste selon de multiples phénomènes irréductibles l'un à l'autre. Le seul point commun entre eux est leur réduction possible à des causes, en particulier à une cause première qui leur est propre.

En d'autres termes, par sa théorie de la causalité Aristote fait voir que dans la mesure où le réel se manifeste selon une multiplicité irréductible, la seule unité possible est celle du savoir selon la causalité. Dans la *Métaphysique*, dont le rôle est précisément d'établir la possibilité d'une forme d'unité du savoir, d'autres tentatives d'unification sont également mises en œuvre : l'unité des modes d'être (catégories) autre que l'étance dans leur rapport à celle-ci, l'unité dans un même genre relativement à un terme premier (les différentes espèces de couleur relativement à la couleur blanche, les différentes étances relativement à l'étance divine, etc.), l'unité par analogie, etc. (cf. sur cette question mon étude « L'Etre et l'Un chez Aristote », déjà citée).

Ce débordement de la physique au profit de la métaphysique s'accomplit également par les références d'Aristote à la question de l'immobilité. Mais une fois encore il ne s'agit pas de réduire, comme on le fait d'habitude, la question de l'immobilité au seul premier mouvant immobile (Dieu), objet de la philosophie première (au sens de théologie). En 198 a 35 - b 4, il fait clairement allusion à d'autres types de choses immobiles qui meuvent sans être de l'ordre de l'immobilité absolue, et qu'il attribue à l'essence et à la forme. En fait, tout objet désiré qui demeure immobile ou tout intelligible sont, chez Aristote, de cet ordre, sans qu'ils soient objet d'étude de la physique ; c'est plutôt à la métaphysique que revient le rôle d'en circonscrire le statut.

Toutes ces explicitations montrent que l'objet de la physique est bien l'étant périssable (du monde sublunaire) ou impérissable (du monde supra-lunaire), à condition qu'ils soient envisagés à partir de la question du mouvement. Bien plus, comme les causes sont au nombre de quatre, il appartient au physicien de les connaître toutes, en les étudiant d'une manière physique. Il s'agit de chercher le pourquoi de tel étant naturel, voire pourquoi telle matière appartient à telle spécificité naturelle. D'où l'ultime tentative d'Aristote, en ce endroit, pour rapprocher les trois causes autres que la cause matérielle : cause formelle, cause finale et cause efficiente.

C'est en quelque sorte la notion de spécificité qui fait le lien entre ces trois causes, puisque la spécificité de la chose (cause formelle) est transmise par le moteur en acte (cause efficiente) et réalise une forme (en vertu d'une finalité). A telle enseigne qu'Aristote, pris dans son élan d'analyse, en arrive à affirmer que l'essence et la forme sont fin et ce en vue de quoi (198 b 3-4). Si cette finalité est naturelle pour la forme vers laquelle se déploie phénoménalement l'étant naturel, elle l'est moins pour l'essence, du moins aussi longtemps qu'on ne discerne pas que le questionnement concernant le *pourquoi* telle chose et *ce qu'elle est* entraîne aussitôt une connivence cachée entre essence et finalité. C'est à ce titre qu'il faut comprendre l'importance accordée par Aristote à la cause finale. Comme l'indique la fin du chapitre 7, le questionnement par le biais du pourquoi établit clairement une succession de choses propres aux phénomènes naturels, qui arrivent soit toujours soit fréquemment. Il s'agit de discerner, pour tel phénomène, « ce qu'était être pour lui » (cause formelle) et le fait que « cela est mieux ainsi... relativement à son étance » (cause finale).

CHAPITRES 8 ET 9

Comme pour les trois chapitres précédents, j'ai cru utile de regrouper aussi les deux derniers. Aristote les associe lui-même, lorsqu'il écrit: « il faut dire d'abord en quoi la nature appartient aux causes en vue d'une fin et, ensuite, concernant le nécessaire, comment il se comporte dans les choses naturelles » (198 b 10-12). En simplifiant un peu, je dirais que le chapitre 8 intègre la nature dans la

forme comme fin, tandis que le chapitre 9, l'approfondit comme matière selon la perspective de la
nécessité pour la soumettre définitivement à la
nature comme forme, grâce à la nature comme fin.

<198b10-199a12> En dépit de la distribution que
je viens de rappeler de la finalité et de la nécessité
entre deux chapitres, c'est par la question de la
nécessité qu'est amorcée celle de la finalité au
chapitre 8. Aristote rappelle que certains philosophes
présocratiques ramènent leur explication du devenir
soit à l'enchaînement nécessaire de différents
phénomènes physiques (les physiciens), soit à
l'action nécessaire de l'Amour et de la Discorde
(Empédocle) ou de l'Intellect cosmique (Anaxagore). Or, ces penseurs qui semblent s'accorder aux
thèses d'Aristote à la fin de son analyse du mouvement spontané, en rapportant ce dernier à l'antériorité de la nature et de l'intellect, ne paraissent pas
tirer les conséquences de leurs choix, et négligent le
fond de ce qu'ils mettent en œuvre : la finalité propre
à ces diverses causes du devenir, c'est-à-dire leur
capacité de produire en vue d'une fin et en fonction
du meilleur. Par là Aristote rejoint la critique
adressée par Platon aux physiciens et surtout à Anaxagore dans le *Phédon* (95 e-99 d) ; mais alors que
son maître ne cachait pas l'arrière-fond éthique de
son exposé, le Stagirite n'accorde à cette analyse
qu'une portée physique.

Certes, dit-il, on peut se demander qu'est-ce qui
empêche la nature de se comporter à la manière de
Zeus qui fait pleuvoir non pas en vue de faire croître
le blé mais par nécessité, de sorte que la croissance

du blé arrive accidentellement à la suite de ce processus. Qu'est-ce qui empêche aussi que les dents poussent par nécessité, celles de devant aiguës et aptes à couper, et les molaires, larges et utiles pour broyer la nourriture, de sorte qu'elles réalisent leur œuvre (le fait de couper ou de broyer) accidentellement parce qu'elles sont telles, plutôt que par l'effet d'une finalité. Dans pareille perspective on pourrait bien dire que «là où toutes les parties des étants naturels se produisirent accidentellement comme si elles se produisaient en vue d'une fin, ces étants ont survécu parce qu'ils ont été constitués adéquatement sous l'effet du mouvement spontané», alors que ceux parmi les étants naturels qui n'ont pas été ainsi produits «périrent et périssent, comme le dit Empédocle des bovins à visages humains» (198 b 29-32).

En d'autres termes, Aristote envisage la possibilité d'un épanouissement non finalisé des étants naturels, produits par un mouvement spontané, et qui auraient pu subsister grâce à une sélection naturelle. Empédocle aurait en partie envisagé cette perspective et considéré que des espèces ambivalentes avaient existé mais n'avaient pu subsister. Si cette hypothèse lui paraît impossible, c'est à cause de sa théorie du mouvement spontané, en vertu de laquelle ce type de causalité est accidentel, alors que l'épanouissement de l'étant naturel suppose une régularité. Aristote néglige ici une autre possibilité, qu'il avait soupçonnée dans ses critiques précédentes, et qui est sous-jacente à sa théorie de la génération spontanée une fois portée à la question de l'origine, à savoir l'éventualité d'une stabilisation et

d'une finalisation de l'étant naturel après sa génération spontanée originaire. D'autre part, il ajoute à
son analyse du mouvement spontané et du hasard,
un autre phénomène, l'événement produit par
coïncidence (ἀπὸ συμπτώματος). Il confère à ce terme
un sens plus technique, qui atteste un état momenta-
né de dérive et d'irrégularité, s'impose comme une
sorte de contraire à la régularité du mouvement
régulier.

Or, c'est en se basant sur cette régularité qu'il
écarte aussitôt tout mouvement spontané et tout
phénomène produit par coïncidence, et interprète
également le phénomène de la pluie comme
appartenant à la finalité. «S'il semble bien, dit-il,
que ces phénomènes existent soit par coïncidence,
soit en vue d'une fin, une fois qu'on reconnaît qu'ils
n'existent ni comme s'ils étaient par coïncidence, ni
par un mouvement spontané, ils ne sauraient être
qu'en vue d'une fin» (199 a 3-5). Cette inférence
immédiate, qui occulte toute autre possibilité, peut
surprendre. Mais en vérité, l'idée qu'Aristote se fait
en l'occurrence de la finalité est assez modérée,
puisqu'il la déduit à partir d'un processus naturel
impliquant de la consécution dans le cadre d'un état
antérieur suivi d'un état postérieur. En cela son
analyse ici ne s'écarte pas de ce qu'il dit auparavant,
lorsqu'il affirme au chapitre 1, que ce qui s'épanouit
à partir de quelque chose va vers quelque chose en
tant qu'il s'épanouit (193 b 16-17), car cette perspective était déjà en partie interprétée dans
l'éclairage de l'entéléchie. Ce qui est nouveau, c'est
l'insertion plus claire d'une suite d'activités conti-
nues aussi longtemps que rien n'empêche le pro-

cessus de se réaliser selon un plan préétabli : « si rien ne l'empêche, dit Aristote, chaque chose, en tant qu'elle s'accomplit, est ainsi par nature, et en tant qu'elle est par nature, elle s'accomplit ainsi. Or, elle s'accomplit en vue d'une fin, et, par conséquent, elle est par nature en vue de cette fin » (199 a 10-12). Le glissement est imperceptible, même si la prise en considération permanente du modèle de l'art, pour en expliciter le sens, devient plus claire, au point de voir l'art constituer désormais non plus seulement un modèle pour l'analyse de la nature mais un processus autonome.

Cette explicitation de la finalité à partir d'un rapport de continuité par un mouvement entre un antérieur et un postérieur, qui aboutit à une fin, montre que l'identification qu'on se plaît souvent à relever entre production et nature chez Aristote est insuffisante ; elle est également subvertie par l'affirmation selon laquelle l'art peut réaliser les choses que la nature est incapable de produire, puisque cette assertion s'oppose à celle qui parle d'imitation. Que l'art puisse ainsi déborder la cadre de l'épanouissement naturel, montre que chez Aristote le rapport entre nature et art est plus complexe qu'il n'apparaît à première vue ; de sorte que si, d'une part, l'usage méthodologique de l'art pour élucider les principes de la nature suppose une forme d'analogie, d'autre part, cet usage n'en demeure pas moins seulement méthodologique, et jamais Aristote ne prétend établir son exhaustivité, ni y discerner une pure homologie.

<199a12-33> En effet, pour éclairer cette finalité implicite dans son analyse précédente, Aristote prend l'exemple de la construction d'une maison et indique que si celle-ci appartenait aux étants naturels elle n'en serait pas moins produite comme elle l'est actuellement par l'action de l'art; cela est également vrai pour les étants naturels s'ils étaient produits non seulement par nature mais également par l'art, car ils deviendraient aussi de la même façon en tant qu'ils le sont par nature. Certes ce parallélisme, qui prend l'allure d'une convertibilité, ne saurait nous conduire sans autre forme de procès à l'idée d'une homologie entre nature et art, comme si la nature était une sorte d'art. L'homologie ainsi formulée pourrait dire également l'inverse, à savoir que l'art est une sorte de nature, ce qui a déjà été écarté dès le début de l'exposé d'Aristote. S'il y a en l'occurrence parallélisme, c'est dans l'usage de la finalité, c'est même parce que, nous l'avons vu, ces deux processus recèlent des caractères communs, notamment par la présence d'une raison d'être qui manifeste la specificité conformément à une ordonnance issue de la transmission de cette spécificité par l'action d'un moteur en acte. Mieux, c'est parce que cette réalisation suit des étapes ordonnées selon un antérieur et un postérieur qui se déploie de façon à atteindre une fin. S'il y a donc ressemblance, celle-ci se limite au rapport qui existe dans l'ordre de réalisation, où il y a cheminement selon une ordonnance, avec de l'antérieur et du postérieur, en vue de réaliser un fin ou une forme; bref, il y a ressemblance parce que dans les deux cas il y a un « logos » qui domine la *formation*. Aussi ajoute-t-il,

ici, aux deux sens précédents de la nature (matière
et spécificité / forme), un troisième : « la nature est
une fin et ce en vue de quoi il y a une chose », qu'il
il explicite en ces termes : car pour les choses pour
lesquelles le mouvement est continu (c'est-à-dire où
il y a antérieur et postérieur), il y a une certaine fin,
et celle-ci est « un terme ultime » et « ce en vue de
quoi » il y a une chose (194 a 28-30).

La connivence secrète entre nature et art
n'implique rien de plus. Et c'est bien ce qui ressort
de ce qu'Aristote ajoute immédiatement, lorsqu'il dit
que « d'une manière générale, l'art, en un sens,
réalise les choses que la nature est incapable de
fabriquer, et, en un autre sens, en imite d'autres »
(199 a 15-16).

En effet, contrairement à ce qu'on aurait pu con-
clure du parallélisme précédent, il apparaît maintenant que s'il existe quelque homologie entre
nature et art, elle n'est pas de l'ordre de la symétrie
mais d'une possible imitation de la nature par l'art
(194 a 21-22). Cela suffit à affirmer que la nature
n'est pas une sorte d'art mais davantage. Mais,
d'autre part, l'art lui-même ne se réduit pas à imiter
la nature, puisque le texte dit aussi que l'art réalise
les choses que la nature est incapable de fabriquer.
Par là Aristote montre que l'art présente des capa-
cités propres, indépendantes de celle de la nature.
Cette perspective est d'autant plus naturelle chez lui
que l'art est souvent envisagé selon le point de vue
de l'usage, ce qui n'est pas le cas de la nature. Ainsi
apparaît aussitôt une différence essentielle entre
nature et art. Cette différence, qu'Aristote ne
cherche nullement à résorber, ne l'empêche pas,

au-delà du rôle méthodologique qu'il accorde à l'art, de discerner des phénomènes analogues dans la nature, où plusieurs phénomènes se comportent d'une façon proche de l'art, où la prévision est essentielle. Aristote a toujours été sensible à la prévoyance des oiseaux, des abeilles et des fourmis, aux structures des plantes dont les parties apparaissent comme si elles étaient produites en vue d'un fin. C'est à ce titre qu'il se permet maintenant d'affirmer ce qu'il ne faisait que supposer implicitement auparavant, à savoir que la forme (μορφή) coïncide avec la fin (199 a 31).

Désormais on sait plus clairement qu'alors que la spécificité de l'étant naturel exprime davantage la cause formelle, la forme traduit au contraire la cause finale, même s'il est vrai que, dans l'ordre de la nature, la différence entre ces deux causes est une question de nuance plus que de réalité – ce qui n'est sûrement pas le cas dans l'art, où la finalité (usage) détermine clairement la spécificité de la chose.

Que la finalité émerge ainsi au fil d'une analyse où le phénomène de prévoyance est certes évoqué, mais sans plus, alors même que la nécessité d'une finalité s'appuie sur la consécution dans le processus de formation, peut étonner le lecteur qui est habitué à entendre dire que l'aristotélisme est foncièrement finaliste. Jusqu'ici le finalisme nous est apparu fort modeste. La suite du texte semble dévoiler les raisons qui ont poussé Aristote à soutenir ce type de finalisme, et éclaire en même temps la portée de sa pensée concernant la nature.

<199a33-b33> S'appuyant sur l'écriture et les phénomènes de transmission d'un message, il constate que tout processus suppose des erreurs. La nature n'échappe pas à ce phénomène et subit des échecs, parmi lesquels figure la formation de monstres. Cette dernière référence lui permet d'indiquer que les monstres d'Empédocle pourraient s'expliquer ainsi, en considérant que l'erreur s'est produite dans leur constitution originaire.

A ce titre, la finalité exprime le processus qui se produit correctement, sans faute, garantissant la vie de l'étant qui s'épanouit. Sont ainsi par nature les étants qui, mus d'une façon continue à partir d'une origine qui leur est intrinsèque, arrivent à une certaine fin si rien ne les empêchent. A chaque origine bien sûr correspond une fin différente qui manifeste un étant différent avec sa propre spécificité, donc aussi sa propre forme ; mais pour l'étant de la même espèce, c'est toujours vers la même fin que s'accomplit l'épanouissement si rien ne l'empêche. S'il y a en l'occurrence empêchement, il ne peut être que de l'ordre de l'accident, sans quoi le phénomène serait naturel. Ainsi, il apparaît sans ambiguïté que la finalité est liée à la spécificité de l'étant naturel et manifeste surtout son achèvement. Vouloir en déduire davantage, c'est certes possible, si l'on se réfère à l'ensemble de l'œuvre d'Aristote, où d'autres passages attestent un finalisme plus accentué. Mais dans la *Physique*, les choses sont assez claires pour refuser d'attribuer plus que ce qu'Aristote nous révèle.

Cela est tellement vrai que par la suite il s'interroge sur l'éventuel anthropomorphisme de cette notion de finalité, du fait qu'il est obligé une fois encore d'illustrer son propos par des références à l'action humaine concernant le hasard, qui reprennent son analyse précédente (199 b 18-25). Il serait absurde, dit-il, de refuser qu'il existe un devenir naturel en vue d'une fin sous prétexte qu'on ne voit pas un processus de délibération dans le moteur qui actualise. Du reste, même dans le cas de l'art, on ne délibère pas toujours, mais on suit souvent le savoir qu'il implique ; de sorte que ce qui est possible au niveau de l'art, en tant qu'il appartient à la production humaine l'est davantage pour l'épanouissement naturel qui échappe à l'activité humaine.

<199b34-200b8> Une fois que la question d'un éventuel empêchement dans la formation de l'étant naturel est écartée, la finalité propre à son épanouissement semble s'insérer dans un processus nécessaire. Cette nécessité n'est plus de l'ordre quasi-cosmique, comme celle à laquelle Aristote fait allusion au début de son étude du chapitre 8, puisqu'elle concerne chaque étant naturel. Elle se traduit par la régularité du processus en question qui est soit toujours soit fréquemment, et donc indépendamment des éventuels accidents qui pourraient perturber l'épanouissement de l'étant naturel. C'est au demeurant grâce à cette nécessité que la scientificité de l'étant naturel est possible.

Pourtant, ce n'est ni le premier type de nécessité, ni le second qui est l'objet du chapitre 9 ; ce n'est pas davantage le troisième type, auquel Aristote se réfère lorsqu'il parle de la pluie, et qui est lié à un

ensemble de processus naturels, comme pour les
éléments lourds, le fait de se porter naturellement
vers le bas, et vers le haut pour les légers. La
nécessité dont il est question n'en est pas pour autant
très éloignée, car s'il est vrai que le mur d'une cité
n'advient pas par nécessité du fait que les pierres se
portent par nature vers le bas pour former les
fondations, la terre vers le haut et le bois en surface,
il n'est pas moins vrai que sans ces matériaux le
mur ne saurait pas se produire. La présence requise
de matériaux sans lesquels il n'y a pas de production
possible, ni donc de nature qui puisse s'épanouir,
atteste aussitôt l'existence d'un type particulier de
nécessité.

Cette nécessité, que l'on doit comprendre dans
le sens de « ce sans quoi » il n'y a pas de devenir
possible, est d'autant plus importante qu'elle détermine le produit même : par exemple, une scie ne
peut accomplir sa fonction de scier si elle n'est pas
faite de fer ; il est *nécessaire* qu'elle soit produite de fer
pour que la finalité s'accomplisse. Cette exigence est
donc conditionnelle, car elle est une condition et
non une fin : « c'est dans la matière qu'est le nécessaire, tandis que ce en vue de quoi est dans la raison
d'être » (200 a 14-15).

Cet énoncé atteste le dualisme foncier entre
matière et forme, la première étant une condition et
la seconde la raison d'être de la chose. Mais ce
dualisme doit être nuancé, dans la mesure où il implique une dissymétrie en faveur de la forme. Cela
signifie que la raison d'être de la chose, c'est-à-dire
la finalité (par exemple le fait de scier pour la scie et
le fait d'être un abri pour la maison) détermine non

seulement la spécificité qui se manifeste par une
forme de tel type (la forme de la scie correspond à
l'acte de scier et celle de la maison au fait qu'elle est
un abri), mais également la matière et les mouvements en vertu desquels cette finalité peut s'accomplir. Il est ainsi nécessaire, pour qu'il y ait une
scie ou une maison, que certaines choses lui appartiennent en propre, c'est-à-dire qu'il y ait une
matière déterminée et que se réalise un certain
nombre d'opérations productrices.

Il s'ensuit dès lors que, dans les étants naturels
aussi, le nécessaire est ce qui est comme la matière
et les mouvements qui la concernent. Par suite, il est
également naturel qu'il appartienne au physicien
de connaître la cause matérielle au même titre que
les autres causes. Par là même il apparaît clairement
que l'institution d'une science physique suppose
bien l'étude de toutes les causes de l'étant naturel.

INDEX DES TERMES TECHNIQUES

— *aition* (αἴτιον): «cause».

Le sens originaire n'est pas «ce par quoi quelque chose arrive ou se fait», mais «ce qui est responsable de telle ou telle action», «ce qui répond de quelque chose», où intervient une garantie et une fermeté, ce qui assure et rassure. Lorsqu'Aristote associe le terme au savoir, il lui confère le sens à la fois de principe, voire de fondement de la chose à laquelle il est appliqué, et d'explication.

— *automaton* (αὐτόματον):

«Mouvement spontané» (au lieu de «fortune»)

— *eidos* (εἶδος): «spécificité».

La traduction par «forme» et «espèce», sans précision et sans une distinction avec le terme rendant plus clairement la «forme» (μορφή), entraîne des confusions. Pour les éviter, j'ai autrefois traduit *eidos* par «notion eidétique». Mais ainsi comprise cette notion oblitère le sens d'«espèce» relatif à un «genre», qui constitue chez Aristote un sens central, et risque d'amoindrir la présence en quelque sorte objective de l'*eidos*, qui se transmet, selon certaines catégories, d'une chose à une autre par l'action de la cause efficiente et du mouvement. C'est pourquoi j'ai adopté ici la traduction plus ambiguë, mais plus précise, de *spécificité*, tout en sachant que celle-ci non plus ne parvient pas à restituer la richesse du terme grec.

— *einai* (εἶναι) : « être ».

Il faut distinguer cet infinitif du participe présent ὄν, qui est habituellement retenu pour désigner *ce qui est*, l'*étant*. Souvent, Aristote utilise le terme en question pour exprimer « le fait d'être » telle ou telle chose, donc l'*être* de la chose, et c'est pourquoi il intègre cet infinitif dans sa formule célèbre τὸ τί ἦν εἶναι, par laquelle il cherche à exprimer l'essence de la chose, et plus particulièrement l'essence d'une chose en devenir.

— *entelecheia* (ἐντελέχεια) : « entéléchie ».

Beaucoup d'interprètes confondent ce terme avec ἐνέργεια, et traduisent par « acte » ou « actualisation ». Rien n'autorisant cette confusion, j'ai opté pour la traduction *entéléchie*, assignant les traductions habituelles à ἐνέργεια. Par entéléchie il faut entendre ce qui est dans sa fin même, attestant un état qui se possède soi-même dans cette fin, et qui de ce fait est principe et origine d'une activité (ἐνέργεια). C'est ainsi, par exemple, que l'usage d'un lit est une activité (une actualisation) qui est déjà en entéléchie en tant qu'œuvre produite par un art ; de même l'activité de l'œil (la vision) suppose que l'organe est déjà réalisé, et donc en entéléchie (vue), à la suite d'un processus d'actualisation biologique. Pour distinguer ces états de finalité, la finalité comme fin d'un processus, qui est en même temps en puissance d'une activité ou d'un usage, et la finalité qui est plénitude de cette seconde activité, Aristote a fait état pour la première, d'entéléchie première, ce qui suppose pour la seconde une entéléchie seconde (cf. *Traité de l'âme* II, 1, 412a6-b9). En d'autres termes, l'entéléchie première est toujours principe et origine d'une nouvelle actualisation (entéléchie seconde).

— *morphè* (μορφή) : « forme ».

Je comprends cette traduction selon une double direction : dans le cas des productions de l'art, cette forme peut être identifiée à la « configuration » ou à la « figure » (σχῆμα) de l'*eidos*, tandis que pour les étants naturels, elle doit être appréhendée dans le sens fort de manifestation phénoménale de l'*eidos*, incluant ainsi la « vie » et engageant les structures profondes de l'être.

— *hothen* (ὅθεν) : « ce d'où ».

Cette expression renvoie à la « cause efficiente », et je la traduis en lui adjoignant les termes « vient » ou « s'amorce », selon les cas. Aristote dit parfois « ce qui a mû » (τὸ κινῆσαν).

— *on* (ὄν) : « étant ».

Il me semble insuffisant de traduire ὄν par « être », bien qu'on puisse parler de « mode d'être », grâce à la problématique des catégories. On a raison de traduire de plus en plus par *étant*. L'expression peut être assignée à toutes choses, y compris aux objets fabriqués, comme cela ressort de la première ligne du livre II (192b8), et aux notions mathématiques au sens d'étants par abstraction (ἐν ἀφαιρέσει ὄντα). On peut donc accepter le caractère extensif du terme. Mais il n'est pas moins vrai qu'en pratique Aristote l'utilise rarement pour les objets fabriqués ; de sorte que pour lui être fidèle, j'ai évité, à quelques exceptions près, de traduire l'objet fabriqué par

« étant », privilégiant le plus souvent l'expression
« chose » ou « objet fabriqué », et gardant l'expression « étant » surtout pour les étants naturels. Il faut
aussi se rappeler qu'en vertu de sa théorie de la
plurivocité de l'être (ou de l'étant), l'expression
« étant » ne désigne pas seulement des choses distinctes, appartenant à la première catégorie, celle de
l'étance, mais également des modes d'être propres
aux autres catégories. De même, lorsqu'on fait usage
de la *technè*, chez Aristote, il ne s'agit pas seulement
d'œuvres ou d'objets produits, mais également de
processus selon telle ou telle catégorie, comme par
exemple, la guérison, dans le cas de l'art médical.

— *ousia* (οὐσία) : « étance ».

Pour éviter la traduction d'origine médiévale de
« substance », qui suppose une interprétation réduc-
tionniste des apories du livre Z de la *Métaph.*, ainsi
que la traduction « essence » (avancée par P. Auben-
que), dont le caractère platonicien oblitère l'originalité d'Aristote, j'emploie le terme plus neutre
d'*étance*, que j'ai emprunté à F. Fédier, et que je
comprends comme un substantif formé à partir du
participe présent du verbe « être » — bien qu'en
réalité, cette traduction proviendrait du vieux français « estance », dont l'étymologie renvoie à *stare* (se
tenir debout), qui est au demeurant la même que
celle d'où provient le terme « substance ».

— *stasis* (στάσις) : « stabilité ».

J'ai retenu la traduction habituelle de « repos »
pour la sémantique du verbe *èremein* (ἠρεμεῖν).

— *technè* (τέχνη) : « art ».

Bien qu'on soit tenté de traduire le terme par
« technique », la différence essentielle entre *technè*
ancienne et *technique* moderne, requiert une traduction plus nuancée, qui puisse d'ailleurs inclure les
beaux arts, rendus en grec par le même terme. La
traduction *art* me paraît suffisamment claire pour
être adoptée en toutes circonstances ; d'autant plus
qu'à la fin de l'Antiquité et au Moyen Age, les
« arts » avaient pris une telle ampleur que le terme a
été assigné aux « arts libéraux », en y intégrant
même des sciences, comme les mathématiques, qui
appartiennent pourtant chez Aristote aux sciences
théorétiques. On retiendra comme dénominateur
commun de toutes les *technai* leur appartenance à
l'ordre de la « production » (ποίησις), qui suppose une
forme d'engendrement (γένεσις).

— *to ou heneka* (τὸ οὗ ἕνεκα) : « ce en vue de quoi ».

Par cette traduction je garde intacte l'expression
grecque, bien qu'on puisse traduire également par
« finalité ». C'est pourquoi, lorsque Aristote utilise
l'expression abrégée ἕνεκα του, je fais intervenir la
finalité en traduisant par « en vue d'une fin ».

— *to ti esti* (τὸ τί ἐστι) : « essence ».

La traduction habituelle me semble suffisante
pour désigner « ce qu'est » une chose. Il s'agit en fait
d'une forme verbale qui répond à la question
« qu'est-ce qu'est » telle ou telle chose ? Cette expression a plus d'extension que celle de *to ti èn einai* (τὸ τί
ἦν εἶναι).

— *to ti èn einai* (τὸ τί ἦν εἶναι) : « ce qu'était (et est) être ».

Pour mieux cerner l'expression, tout en évitant la traduction habituelle de « quiddité », j'ai retenu le sens littéral. Aristote cherche manifestement à approfondir la notion d'essence à la fois à partir de l'« être » et de la « temporalité » (signifiée par l'imparfait ἦν). Il s'agit de faire voir *ce qu'était être* pour une chose, en signifiant par là ce qu'était son être *dès l'origine* (dans son émergence même, dès l'action de la cause efficiente sur une matière). Mais à cause, d'une part, de l'usage possible de l'imparfait en question comme présent et, d'autre part, du caractère également présent de l'essence, j'y ai adjoint le présent (*et est*).

— *tychè* (τύχη) : « hasard ».

— *hylè* (ὕλη) : « matière ».

La traduction habituelle suffit, puisque l'expression grecque signifie à l'origine « matériau ». Aristote donne la définition suivante, au terme du livre I, 9, de sa *Physique* : « j'appelle matière le sujet prochain de chaque chose, à partir duquel devient quelque chose qui lui appartient d'une façon immanente et non par accident » (192a31-32). Cette formulation met en rapport la matière et le sujet le plus proche de la chose. Il s'ensuit que la matière d'un étant est la matière immédiate (ce à partir de quoi advient quelque chose, τὸ ἐξ οὗ γίγνεται τι), et donc ni les quatre éléments, ni, pour les étants naturels, les homéomères (chair, os, etc.). Par exemple, c'est le bois et non les quatre éléments (terre, eau, air, feu) qui est la matière du lit.

— *hyparchein* (ὑπάρχειν): «appartenir» ou «exister».

Ces deux traductions sont utilisées en fonction du contexte où le terme apparaît.

— *hypokeimenon* (ὑποκείμενον): «sujet».

En tenant compte de la traduction du verbe, il faudrait parler de «ce qui gît» ou de la forme substantive «gisant». Mais dans ce cas, on risquerait de perdre de vue son usage logico-ontologique, où l'étance constitue le sujet ultime d'attribution. Aussi est-il plus prudent de conserver la traduction traditionnelle de «sujet», en la nuançant quand il s'agit de faire apparaître le sens plus physique de «matière», par la traduction de «substrat». Dans ce dernier cas, il ne s'agit plus de penser *l'étant* (τὸ ὄν) et, plus particulièrement *l'étance* (οὐσία), mais *ce qui devient* ou *le devenant* (τὸ γιγνόμενον), qu'Aristote interprète, dans le livre I, 7, comme étant un sujet qui est numériquement un mais spécifiquement deux (190a14-16; b23-27). Dans ce dédoublement d'une chose une en deux manifestations intervient aussi ce qui adviendra au terme du devenir comme absence ou, comme le dit Aristote d'une façon plus technique, la *privation* (στέρησις). Quant au verbe *hypokeisthai* (ὑπόκεισθαι), l'étymologie plaide pour la traduction «sup-poser»; mais comme ce verbe a plusieurs sens, j'ai également retenu le verbe «gésir», qui exprime le fait d'«être étendu», avec une connotation d'ensevelissement et de voilement, qui n'est pas étrangère au terme grec correspondant.

— *phthora* (φθορά) : « dépérissement » au lieu de « corruption ».

— *physis* (φύσις) : « nature ».

Je conserve la traduction habituelle, en dépit de son caractère anachronique. La traduction plus originaire d'« épanouissement » ne recouvre pas toujours l'usage de tous les sens du terme, car Aristote intègre dans sa pensée le sens déjà ancien et plus statique de « nature » de telle chose, qui est indépendant du dynamisme propre à l'épanouissement. Mais, comme la sémantique de l'« épanouir » est encore valable, je l'utilise chaque fois qu'elle est nécessaire.

— *hôs epi to poly* (ὡς ἐπὶ τὸ πολύ) : « fréquemment ».

On parle généralement de ce qui arrive ou advient « le plus souvent ». J'ai préféré la traduction « fréquemment », pour mettre l'accent sur la fréquence que recèle l'expression grecque au détriment du caractère temporel de la formule française, qui distord la pensée d'Aristote. Autrement dit, Aristote envisage davantage une régularité qu'une temporalité.

BIBLIOGRAPHIE SÉLECTIVE

A. Editions, traductions et commentaires de la *Physique*

ARISTOTE, *Physique*, édition, traduction et introduction, par H. Carteron, 2 vol., Les Belles Lettres, Paris, 1926-1931.

ARISTOTLE, *Physica*, édition par W. D. Ross, Oxford Classical Texts, Oxford, 1950 (éd. corrigée 1966).

ARISTOTLE'S *Physics*, édition, introduction et commentaire, par W. D. Ross, Clarendon, Oxford, 1936 (éd. corrigée 1966).

ARISTOTLE'S *The Physics*, par Fr. M. Cornford et Ph. H. Wicksteed, 2 vol. Loeb Classical Library, Londres - Cambridge (Mass.), 1929-1934 (1959).

ARISTOTE, *Physique II*, traduction et commentaire par O. Hamelin, Vrin, Paris, 1931² (1907).

ARISTOTLE'S *Physics*, Livres I et II, traduction et commentaire par W. Charlton, Clarendon Press, Oxford, 1970.

ARISTOTELES, *Physikvorlesung*, traduction et commentaire par H. Wagner, Akademie - Verlag, Berlin, 1972.

B. Etudes

BRAGUE (R.), *Aristote et la question du monde*, P.U.F., Paris, 1988.

COOPER (J.M.), « Aristotle on Natural Teleology », dans *Language and Logos: Studies in Ancient Philosophy*, éd. M.

Schofield et M. C. Nussbaum, Cambridge University
Press, Cambridge, 1982, pp. 197-222.

COULOUBARITSIS (L.), *L'avènement de la science physique.
Essai sur la* Physique *d'Aristote*, Ousia, Bruxelles, 1980.

— « Dialectique et philosophie chez Aristote », Φιλοσοφία,
8-9, 1978-79, pp. 229-256.

— « La signification philosophique de la *poièsis* aristotélicienne », *Diotima*, 9, 1981, pp. 94-100

— « L'Etre et l'Un chez Aristote », *Revue de philosophie
ancienne*, 1, 1983, pp. 49-98 et 143-195.

— « Transfigurations du logos », *Annales de l'Institut de
Philosophie* de l'U.L.B., 1984.

— « La notion d'*entelecheia* dans la *Métaphysique* »,
dans *Aristotelica*, éd. A. Motte et Ch. Rutten, Ousia,
Bruxelles, 1985.

— « Le statut du devenir dans *Métaphysique* Z et H »,
dans *Aristoteles Werk und Wirkung*, éd. J. Wiesner, De
Gruyter, Berlin New York, 1985, pp. 288-310.

— « Du logos à l'informatique : l'histoire d'une
mutation », dans *Penser l'informatique et informatiser la
pensée*, Mélanges offerts à A. Robinet, Bruxelles, 1987,
pp. 13-42.

DUHEM (P.), *Le système du monde*, T. I, Hermann, Paris,
1913.

DÜRING (I.), éd. *Naturphilosophie bei Aristoteles und Theo-
phrast*, 4e Symposium Aristotelicum, Lothar Stiehm
Verlag, Heidelberg, 1969.

EVERSON (S.), « L'explication aristotélicienne du hasard »,
Revue de philosophie ancienne, 6, 1988, pp. 39-76.

GRAHAM (D. W.), *Aristotle's two System*, Clarendon Press,
Oxford, 1987.

GRANGER (G.-G.), *La théorie aristotélicienne de la science*,
Aubier, Paris, 1976.

HEIGEGGER (M.), « Vom Wesen und Begriff der Φύσις.
Aristoteles' Physik B, 1 », dans *Wegmarken*, V.

Klorstermann, Francfort, a.m., 1967, pp. 309-371, tr. fr.
F. Fédier, dans *Questions II*, Gallimard, Paris, 1968.

LE BLOND (J.-M.), *Logique et méthode chez Aristote. Etude sur la recherche des principes dans la physique aristotélicienne*, J. Vrin, Paris, 1939.

MANSION (A.), *Introduction à la Physique aristotélicienne*, Ed. de l'Inst. Sup. de Philosophie et J.Vrin, Louvain-Paris, 1945.

MANSION (S.), *Etudes aristotéliciennes*, Editions de l'Institut de Philosophie, Louvain-la-Neuve, 1984.

MEGONE (Ch.), « Aristote : sur l'essentialisme et les genres naturels (*Physique* II, 1) », *Revue de philosophie ancienne*, 6, 1988, pp. 185-212.

OWEN (G.E.L.), « Τιθέναι τὰ φαινόμενα », dans *Aristote et les problèmes de méthode*, Public. univ., Louvain, 1961, pp. 83-103.

SOLMSEN (F.), *Aristotle's System of the Physical World*, Cornell University Press, Ithaca, N.Y., 1960.

SORABJI (R.), *Necessity, Cause and Blame: Perspectives on Aristotle's Theory*, Cornell University Press, Ithaca, N.Y., 1980.

WATERLOW (S.), *Nature, Change, and Agency in Aristotle's Physics : A philosophical Study*, Clarendon Press, Oxford, 1982.

WIELAND (W.), *Die aristotelische Physik*, Vandenhoek & Ruprecht, Göttingen, 1970[2] (1962).

TABLE DES MATIÈRES

Cet ouvrage reproduit par procédé photomécanique
a été imprimé sur les presses de l'Imprimerie Bussière
à Saint-Amand-Montrond (Cher)
en septembre 1991

N° d'impression : 2617. — Dépôt légal : septembre 1991.

Imprimé en France